PROMENADES

DANS

LES PYRÉNÉES

PAR

JULES LECLERCQ

TOURS

ALFRED MAME ET FILS

ÉDITEURS

PROMENADES

DANS

LES PYRÉNÉES

———

2ᵉ SÉRIE GRAND IN-8º

PROPRIÉTÉ DES ÉDITEURS

PROMENADES

DANS

LES PYRÉNÉES

PAR

JULES LECLERCQ

SEPTIÈME ÉDITION

PROMENADES
DANS
LES PYRÉNÉES

CHAPITRE I

LOURDES, LUZ, BARÈGES, LE PIC DU MIDI

I

Départ de Pau. — Lourdes. — En diligence. — La vallée d'Argelès. — La tour de Vidalos. — Argelès. — Saint-Savin. — Défilé de Pierrefitte. — Luz. — Le guide Dominique Fortanné.

Je revenais d'un voyage en Espagne et voulais faire quelque peu connaissance avec les Pyrénées. Le 17 mai 1868, je partis de Pau. La chaleur était tropicale, et le ciel bleu et sans nuages scintillait du plus vif éclat. Que nos cieux du Nord sont tristes en présence de cette pureté incomparable du ciel du Midi !

Je fais grâce du trajet entre Pau et Lourdes,

que l'on parcourt aujourd'hui en deux heures, en chemin de fer. Qui n'a entendu parler des riches plaines du Béarn, unies d'abord comme la main, puis semées de collines, et bornées à l'horizon par les admirables dentelures des Pyrénées, ces Alpes du Midi? Passons donc, et, plus rapide que la locomotive, arrivons à Lourdes. Lourdes est une petite ville fort ancienne, environnée de hautes montagnes qui forment en quelque sorte le vestibule de la chaîne. L'attention du voyageur ne manque pas de se fixer sur un château féodal, dont la tour carrée à créneaux se dresse au-dessus des murs enfumés de la ville, sur un roc isolé, aride et inaccessible. Cette vieille forteresse du moyen âge rappelle plus d'un fait mémorable. Au XIV° siècle, les Anglais, qui occupaient la Bigorre, en firent le point d'appui central de leur domination. Le connétable du Guesclin l'assiégea en 1374, et ne put réussir à réduire la place. En 1406, le château capitula après un siège qui dura deux ans et mit fin à la domination anglaise dans les Pyrénées. Ce château fort a servi longtemps de prison d'État; à l'époque où je le visitai, c'était une prison militaire. Le donjon est pourvu d'une horloge qui sonne tous les quarts d'heure. Ainsi, pauvre prisonnier, l'heure cruelle qui s'en va te chante ironiquement l'heure impitoyable qui vient!

Lourdes : la basilique et la grotte miraculeuse.

Après quelques heures passées à Lourdes, après une visite à la grotte miraculeuse vers laquelle un puissant mouvement de foi entraîne le peuple chrétien, je m'installai dans le coupé d'une diligence qui devait me conduire à Luz, petite ville située au cœur même des Hautes-Pyrénées. Quoique le règne de la diligence soit aujourd'hui bien tombé, j'éprouve toujours un bonheur inexprimable quand je puis profiter de cet archaïque moyen de transport, qui permettait à nos pères d'étudier le pays à l'aise et de jouir des beautés de la route. Depuis lors, le chemin de fer, qui envahit les moindres recoins de notre globe, a détrôné la diligence[1].

A peine a-t-on quitté Lourdes, que la route s'engage dans la montagne; il n'y a qu'un instant, nous avions sous les yeux la fertilité, l'abondance et la richesse de la plaine; ici l'aridité, la désolation. C'est à peine si, au milieu des roches écroulées, l'on peut apercevoir quelque trace de végétation, et, de loin en loin, sur le bord du chemin, de vieux pans de murs ruinés, débris de tours dont les Romains se servaient, dit-on, pour un système de signaux, télégraphes de l'époque.

---

[1] Depuis 1871, une voie ferrée relie Lourdes à Pierrefitte.

Mais voilà que tout à coup l'horizon s'élargit, et la verdoyante vallée d'Argelès apparaît, délicieuse oasis qui semble s'être égarée au milieu d'un chaos de montagnes. Tous les enchantements de la nature sont ici prodigués : champs de maïs, vignobles, arbres fruitiers, prairies émaillées de petites fleurs jaunes, où broutent des troupeaux de brebis sous la garde d'un pâtre en veste courte, ou d'une bergère en capulet; ces prairies sont arrosées par une infinité de ruisseaux, et çà et là des arbres touffus complètent le riant tableau. Saluons en passant la tour de *Vidalos,* dont la masse ruinée se découpe nettement sur le ciel bleu. C'est encore une de ces vieilles tours romaines. « Sa position, dit l'archéologue Justin Lallier, était, il faut en convenir, merveilleusement choisie à l'entrée de la vallée, sur un monticule boisé. Ces ruines n'ont gardé aucun vestige digne d'intérêt : le lierre court le long des murailles noircies par le temps, et les oiseaux de proie sont aujourd'hui les seuls hôtes de ce vieux donjon. »

Au centre de la vallée se trouve la petite ville d'Argelès, qui ne doit sa célébrité qu'à la merveilleuse beauté de son site. Pittoresquement assise au sommet d'une montagne, elle domine toute la vallée, où sont éparpillés une quantité de villages et de chapelles. Je doute qu'on puisse trouver ailleurs un paysage plus charmant et mieux encadré que ce petit coin des Pyrénées.

Au sortir d'Argelès apparaît, sur une éminence, un clocher coiffé d'un toit bizarre qui rappelle le bonnet de coton classique. C'est l'antique abbaye de Saint-Savin, « cette dernière possession de l'Église dans la montagne, dit Jubinal, qui a servi de refuge aux bénédictins, quand la gloire de ces savants moines (devant les travaux desquels tout ce qui pense, chez nous, se devrait agenouiller) ne fut plus considérée que comme un titre de persécution. »

La vallée d'Argelès se ferme à Pierrefitte, petit hameau situé au milieu d'un site fort pittoresque, à la jonction des routes de Barèges et de Cauterets. C'est le point de relais des diligences. Ici commence un sombre défilé de deux lieues de longueur, qui mène directement à Luz. Les montagnes présentent des contrastes étranges : au sortir d'une vallée tout élyséenne, toute resplendissante de soleil et toute fraîche de verdure, on s'enfonce dans une noire et lugubre fissure, entre deux rangées de rochers dont les sommets semblent parfois vouloir se rejoindre à quelque mille pieds au-dessus de la route. La gorge est étroite, obscure. Des cataractes s'élancent du haut des roches sourcilleuses dans les royaumes du vertige, roulant de ressauts en ressauts jusqu'au fond de la gorge où elles viennent grossir les eaux du gave. La route, taillée dans le roc, serpente sur le flanc de la montagne, et borde par sa droite un précipice au fond duquel le torrent roule avec fracas dans un lit trop étroit. Un sentiment de terreur s'empare de l'âme. Le bruit sourd du gave qui écume entre les rochers, les sons plaintifs du vent qui s'engouffre dans les souterrains, les cris sinistres des corneilles et des oiseaux de proie, transportent l'imagination dans ces contrées où le Dante a placé l'entrée de son *Enfer*. Voici justement un pont qui s'appelle le pont d'Enfer : ces mots-là dépeignent les choses. L'arche franchit un épouvantable abîme, dans lequel une cataracte se précipite comme la foudre. On reste vraiment confondu quand on songe que des ingénieurs ont pu pratiquer en un tel lieu une route carrossable.

« Onze ponts, dit Jubinal, commencés en 1735, sous l'intendance de M. d'Étigny et sous la direction de M. de Pomeru, ont été jetés sur le courant. Grâce à eux, les montagnards purent connaître, en 1743, ce que c'était qu'une voiture ; et c'est à ce prodigieux travail que la vallée de Barèges a dû sa prospérité. Inutile de dire que ces ponts ont été fréquemment détruits par les eaux. Ils le sont encore périodiquement, en partie, presque tous les hivers; mais, dès les premiers beaux jours, la ténacité montagnarde ne manque pas de les rétablir. »

La gorge s'élargit à son extrémité, et tout à coup apparaît la vallée de Luz. Au sortir d'un lugubre défilé, qui atteste les anciennes convulsions de la terre, je me trouvai de nouveau au milieu d'une verte oasis, coupée par des allées de peupliers par des ruisseaux au doux murmure, dominée par des pentes de gazon où s'étagent de petites cabanes au toit d'ardoises. La rivière du Bastan, dont les eaux grondent au fond de la gorge que nous venons de quitter, traverse ici nonchalamment la vallée. N'est-ce pas là l'image de la vie, d'abord paisible, puis agitée par les orages des passions?

Au milieu de ce riant paysage se découvre la petite ville de Luz, sise au pied du Bergons, avec sa vieille église des Templiers toute crénelée, et les deux tours de son château de Sainte-Marie, vestige féodal perché sur un roc solitaire. Et enfin, tout au fond, dans le lointain, une masse d'un blanc mat, semblable aux banquises des mers polaires, se détache en lignes fines et nettes sur un ciel aux teintes pourprées : ce sont les sommets de l'auguste, de l'incomparable Néoubielle. Le soleil couchant donnait une couleur mélancolique à ce magnifique tableau; avant de dire adieu à la terre, il éclairait encore les montagnes de ses derniers feux : la vallée se drapait déjà dans les ombres de la nuit, tandis que les crêtes des pics resplendissaient à l'horizon. Quel pinceau pourrait esquisser cette scène intraduisible?

Il était huit heures du soir quand j'arrivai à Luz. Sitôt installé à l'hôtel de *l'Univers,* je demandai que l'on voulût bien m'amener un guide de confiance, et l'on m'alla chercher *Dominique Fortanné,* homme de fort bonne mine, et dans toute la force de l'âge : vrai type de montagnard. Il portait la veste courte et le béret traditionnel. Sa physionomie mâle et franche me plut au premier abord. Il parlait avec amour de ses chères montagnes, et le mont Perdu, ce colosse des Pyrénées, était une de ses vieilles connaissances. Je lui dis mon intention de faire une ascension. Mon choix s'était porté sur la *Brèche de Roland,* qui fait partie de la grande chaîne centrale des Pyrénées, et d'où l'on découvre d'un côté l'Espagne, de l'autre la France. Le brave homme me dissuada de faire cette course. Elle nous demanderait, disait-il, deux journées entières, parce que le chemin que l'on suit en été était encore complètement obstrué par les neiges; en cette saison l'on ne pouvait attaquer la Brèche que par le Taillon, ce qui nous obligerait à passer une nuit à la belle étoile. D'ailleurs des chemins fort difficiles et dangereux.

Luz.

Ces raisons me décidèrent à opter pour le *pic du Midi de Bigorre* : ascension très facile en été, lorsque la montagne a secoué ses frimas, mais ardue et périlleuse à l'époque de la fonte des neiges et des avalanches. Nul voyageur ne s'y était encore aventuré cette année[1]. Dominique se

[1] Plus de dix mille touristes font chaque année l'ascension du pic du Midi pendant les mois d'été.

chargea des préparatifs, et promit d'amener à cinq heures du matin deux chevaux pour faire le trajet de Luz à Barèges, où nous devions prendre un second guide.

II

Lever du soleil. — Château de Sainte-Marie. — Route de Barèges. — Matinée dans la montagne. — Le Rioulet. — Barèges. — Histoire d'une avalanche. — En route pour le pic du Midi. — Pont de neige. — Utilité du bâton ferré. — Région des neiges. — Chaleur et soif. — Panorama de la vallée du Bastan. — Apparition du pic du Midi. — Halte et repas. — Réverbération des neiges. — Lac d'Oncet. — Passage périlleux. — Une avalanche. — Piste d'ours. — L'auberge du pic du Midi. — Arrivée à la cime.

Le lendemain, à l'heure dite, Dominique m'attendait avec ses chevaux dans la cour de l'hôtel de *l'Univers :* il portait avec lui des provisions, de la viande froide, un énorme pain et trois bouteilles d'excellent vin du Gers.

Au saut du lit, je me mets en selle, et nous partons gaiement. Un ciel pur s'étend au-dessus de nos têtes, et nous promet une belle journée. Malgré les premières lueurs du jour, le soleil ne se montre pas encore, et les montagnes revêtent autour de nous des teintes fraîches et azurées, pareilles aux vagues d'une mer immobile. Les cimes étaient confuses encore dans cette atmosphère vaporeuse du matin. Quand le cercle de feu parut à l'horizon, elles devinrent toutes roses, d'un rose glacé d'argent que nulle palette ne pourrait rendre.

Nous montons deux jeunes chevaux pyrénéens, fougueux et pleins d'ardeur comme le sont ceux des montagnes; mais ils ont le pied parfaitement sûr et ne bronchent jamais, même dans les endroits les plus difficiles.

Au sortir de Luz, nous saluons en passant les tours du vieux château féodal de Sainte-Marie, qui se dressent, sombres et ruinées, sur une éminence isolée. Ce château, dont l'existence remonte aux templiers, fut pris et repris pendant les guerres des Anglais, qui l'occupèrent en même temps que le château de Lourdes. Ce furent Jean de Bourbon et Auger Couffite, de Luz, qui, à la tête des nobles bigorrais, les en expulsèrent en 1404, deux ans avant la reddition du fort de Lourdes.

La route qui conduit à Barèges a des beautés à part : elle est bornée par des montagnes arides et pelées, où quelques faibles arbustes semblent lutter contre une nature rebelle. Nulle habitation, nulle culture : on ne voit autour de soi que désolation et tristesse. Le torrent impétueux du Bastan nous accompagne de sa grosse voix sonore, courant au fond d'épouvantables précipices dans les sinuosités desquels gémit le vent.

La route monte péniblement pendant les sept à huit kilomètres qui séparent Luz de Barèges. Je me retournais souvent pour contempler l'immense panorama borné par la toile circulaire de l'horizon. J'apercevais derrière moi les montagnes de la vallée de Cauterets, qui se dressaient à trois lieues de nous comme de gigantesques murailles. Quel beau spectacle! Le soleil darde ses rayons naissants sur ces rochers dont les cimes neigeuses se perdent dans l'azur du ciel, tandis que leurs bases sont encore plongées dans cette clarté douteuse qui précède le lever du soleil. Cette nature est si calme, que son réveil ressemble encore à un repos parfait; il y a tant d'harmonie entre les diverses teintes du paysage, entre cette douce lumière qui se répand peu à peu dans la vallée, et les couleurs plus vives des montagnes, que tout forme comme un grand tableau où la main du peintre le plus habile ne pourrait ajouter aucun ton ni adoucir aucune nuance.

Chemin faisant, mon guide me fit remarquer à droite un tout petit filet d'eau qui descend des hauteurs vers la route, et qui la traverse pour aller tomber dans le Bastan : c'est le Rioulet. En dépit de son nom, qui veut dire « petit ruisseau », le Rioulet devient le torrent le plus méchant du pays quand l'orage éclate sur la montagne : alors toutes les fissures des rochers environnants lui apportent les eaux du ciel, et font rouler dans son lit d'énormes galets qui s'entre-choquent avec un vacarme épouvantable. Quand on entend à Barèges comme un bruit de coups de canon, on dit dans le pays que c'est le Rioulet qui descend. Aussitôt l'ouragan fini, la cataracte se dégonfle, et en un moment le terrible torrent redevient ruisseau. Et les Barégeois d'accourir en foule pour déblayer la route, quitte à recommencer leur besogne dès qu'il plaira au capricieux Rioulet.

A six heures et demie nous entrions dans le village de Barèges, dont la vue produit une impression assez pénible; à l'aspect des hautes et arides montagnes qui l'enserrent étroitement, la mélancolie passe aussitôt des yeux à l'âme. Il faut être vraiment malade pour venir s'ensevelir ici. Barèges se compose d'une seule rue, à l'extrémité de laquelle se trouvent l'établissement thermal et l'hôpital militaire[1]. Les maisons n'ont qu'un étage et sont presque toutes bâties en bois, afin de pou-

---

[1] On sait que les eaux de Barèges sont très salutaires contre les blessures d'armes à feu.

voir les démonter à l'entrée de l'hiver; car les habitants émigrent chaque année à cette époque, emportant avec eux leurs pauvres habitations, pour ne pas mourir de froid dans cette Laponie isolée du reste du monde. « Dès que le mois de septembre arrive, dit M. Jubinal, on démolit la plus grande partie des habitations pièce à pièce; on numérote leurs murailles factices, on étiquette leurs toits et leurs plafonds; et tout cela, semblable à une décoration de théâtre qu'on reporte au magasin après qu'elle a servi, est mis en réserve sous quelque couvert pour l'année suivante. Puis, dès que la *primerose* fleurit, les maisons repoussent blanches et neuves, et ayant toujours l'avantage de paraître avoir été conservées sous verre. »

Barèges est le village le plus élevé des Pyrénées : il est situé à quatre mille pieds environ au-dessus du niveau de la mer. Cette localité est exposée à un double fléau : les inondations et les avalanches. Il existe à ce sujet maintes histoires sinistres, dont un événement assez récent a renouvelé le souvenir dans la contrée.

Une des maisons désertées avait échappé depuis plusieurs années à tous les dangers. On la croyait hors de toute atteinte à cause de sa situation. Des gardiens la choisirent un jour pour leur réunion du soir, et se proposèrent d'y passer la nuit. Bientôt le feu pétilla dans l'âtre, et l'on causa, tandis que le chien de l'un des gardiens s'étendait aux pieds de son maître. Tout à coup l'animal dresse l'oreille, et d'un bond s'élance éperdu à travers la fenêtre, dont il brise les carreaux. Son maître a deviné, et, prompt comme l'éclair, s'élance après lui. Ce fut l'affaire d'une seconde; un terrible craquement se fait entendre : la maison disparaît. Quelques-uns de ses débris se retrouvèrent plus tard à plus de cent pieds de hauteur sur le versant opposé de la montagne. Des gardiens, que l'avalanche emporta, on ne revit plus jamais la trace.

Dominique s'était empressé, dès notre arrivée à Barèges, de nous chercher un second guide et un homme qui devait ramener les chevaux quand les neiges nous obligeraient d'abandonner nos montures pour continuer à pied l'expédition.

Nous étions munis chacun d'un bâton ferré, et notre cortège, ainsi équipé, sortit du village. Quelques curieux riaient de nous voir partir si gaillardement vers le pic du Midi, prétendant que nous n'en atteindrions jamais le sommet en pareille saison. D'autres nous prédisaient notre retour au bout d'une heure. Mes guides leur répondaient par des bouffonneries analogues.

Nous laissâmes Barèges derrière nous, et nous prîmes un mauvais sentier rocailleux à la droite du Bastan. Chevauchant à travers des débris de rochers entassés pêle-mêle, c'était merveille de voir comme nos montures venaient à bout des plus rudes obstacles. Le mieux était de se fier à l'instinct de la bête, sans vouloir essayer de la conduire. Je revois encore le site : ce chemin étroit suspendu au-dessus des profondeurs du Bastan, dont la blanche écume s'accumule autour des rochers entassés par les avalanches dans son lit tumultueux.

Nous arrivâmes devant un ravin qu'avait comblé un immense amas de neiges. C'étaient les restes d'une avalanche. Des arbres déracinés jonchaient le sol; d'autres, rompus par le milieu, avaient perdu leur cime. L'avalanche couvrait une grande partie du flanc de la montagne, et s'étendait en large éventail jusqu'à la rivière du Bastan. Les eaux étaient parvenues à se frayer un passage sous cette masse désordonnée, qui restait suspendue au-dessus d'elles comme une arcade en plein cintre. Nous franchîmes la rivière sur ce gigantesque pont dû au hasard. J'eus la curiosité de descendre de l'autre côté, au bord du torrent, pour jeter un coup d'œil sous cette voûte éphémère : je m'avançai jusqu'à la gueule écumante qui vomissait les flots du Bastan. Le torrent s'échappait en bouillonnant des entrailles de l'avalanche, et rugissait sous une grotte de neige dont la voûte scintillait d'une infinité de stalactites suspendues en girandoles, et brillant de toutes les couleurs dans une atmosphère d'azur. Il s'échappait de ce soupirail un souffle glacial qui m'empêcha de m'y arrêter longtemps. Par la chaleur qu'il faisait déjà, c'eût été imprudent.

A huit heures nous laissâmes nos chevaux. Un des hommes les ramena à Barèges, où nous devions les reprendre à notre retour. A cet endroit, plus de sentier. Les neiges se montraient déjà en longs rubans par tas épars, dans les creux des rochers et au fond des ravins. C'est maintenant qu'allait commencer la véritable ascension. Livré à mes robustes guides, Dominique et Michel, je n'avais rien à craindre. S'il m'arrivait de broncher, leurs bras vigoureux me servaient de remparts. Le bâton ferré nous était d'une grande utilité : dans le mouvement ascensionnel, il allège le poids du corps; à la descente, il offre un bon point d'appui, qui donne aux mouvements de l'assurance et de la fermeté; si l'on glisse, il suffit de l'enfoncer dans la neige pour s'arrêter instantanément.

Voici enfin la grande région des neiges. Elles s'amoncellent devant nous par couches épaisses, et il faut s'aventurer sur cette mer interminable qui nous conduira au sommet. Moi qui n'avais jamais pratiqué ni glaciers ni champs de neige, je ne marchais pas, on le conçoit, avec la même sécurité qu'un montagnard habitué dès l'enfance à reconnaître l'imminence du danger et à l'éviter. Je ne pouvais me défendre d'un certain sentiment de crainte lorsque j'entendais craquer la neige sous mes pas; et chaque fois qu'il m'arrivait de m'y enfoncer profondément, des crevasses, des abîmes, des fondrières se présentaient à mon imagination. Sous ce perfide et moelleux tapis, dont la surface unie trompe l'œil, n'y a-t-il pas quelque cavité, quelque piège qui nous attend pour nous ensevelir?

Nous n'apercevions pas encore le pic du Midi; dès qu'on s'est engagé dans la montagne, chaque éminence vous cache la crête supérieure. Le géant nous était masqué par une montagne que nous devions gravir.

Nous montions lentement et d'un pas mesuré, avec de rares temps d'arrêt, car le repos ici est fatigant. Avancer peu, mais toujours, tactique de la tortue, c'est le meilleur moyen d'arriver vite au sommet. La neige nous glaçait les pieds, surtout lorsque nous cessions la marche et faisions halte : alors nous les frappions de nos bâtons ferrés pour les réchauffer.

La chaleur devint bientôt insupportable. Je portais souvent ma gourde d'eau-de-vie à mes lèvres desséchées, et elle se vida si rapidement, que je dus y mêler de la neige. Mais ce moyen ne suffisait pas à étancher ma soif ardente. O bonheur ! nous rencontrons une source dont l'eau filtre à travers une roche : avec quelle joie je m'apprête à y tremper mes lèvres ! Mais Dominique proteste : « Voulez-vous, me dit-il, conserver vos forces jusqu'au bout, ne touchez pas à cette eau froide et traîtresse. » Il faut bien se résoudre à endurer le supplice de Tantale.

Un magnifique panorama s'offre déjà à nos regards; c'est tout un tableau : nous dominons la sauvage vallée du Bastan. A quelques kilomètres, Barèges apparaît tout au fond, s'effaçant à demi dans l'atmosphère vaporeuse, comme un point perdu au milieu des neiges et des montagnes. De ce côté, nous apercevons les dernières limites de la végétation, la sombre verdure des forêts de pins ; du côté opposé, c'est l'aspect glacial et désert des régions polaires. Des montagnes d'une hauteur effroyable bornent partout l'horizon. Le Néoubielle (vieille neige), un des géants des Pyrénées, nous laisse voir très distinctement ses nervures et tous les détails de sa structure. Mon guide m'indique du doigt le Bergons, le Maü Capera, le Soulom, le pic de l'Aze, le Braga, la Picarde, l'Arbizon. Et, pour couronner le tableau, un ciel d'un bleu violacé qui dénote les altitudes élevées. Des nuages éblouissants de blancheur errent d'une cime à l'autre. En prêtant l'oreille nous pouvons encore entendre, à travers le profond silence qui pèse sur la contrée, le mugissement indistinct des lointaines cataractes qui s'élancent dans la gorge du Bastan.

C'est à l'endroit où nous nous trouvions en ce moment que le naturaliste Plantade, sentant ses forces défaillir, prononça en promenant ses yeux autour de lui ces paroles, les dernières qui s'échappèrent de sa bouche : « Grand Dieu! que cela est beau! »

Après une heure d'ascension, nous atteignîmes la crête désignée, et nous vîmes apparaître subitement, et comme par un coup de baguette magique, l'admirable silhouette du pic du Midi. Cette colossale pyramide, dont les neiges étincelantes fatiguaient la vue, nous écrasait de toute son élévation. De la cime jusqu'à la base, la montagne était enveloppée de frimas. Le soleil faisait onduler sa lumière sur les pentes, et quelques nuages y projetaient des ombres mouvantes.

Le pic du Midi est remarquable par sa forme. Il ressemble à un géant isolé qui domine tous les autres; il trône à part, dans une orgueilleuse majesté, et élève vers le ciel sa tête superbe à une hauteur de près de trois mille mètres.

Le vaste tableau que nous avions sous les yeux était complètement désert; plus de sapins, plus de rhododendrons; partout la neige nous cachait la chétive végétation de ces lieux élevés, et nous offrait l'aspect désolé du Groënland ou du Spitzberg.

Nous choisîmes l'endroit où nous étions arrivés pour faire une halte. Il était neuf heures. C'est sur ce plateau que l'on déjeune d'habitude. Mes guides se conformèrent à la coutume, et en conséquence nous y établîmes notre tente. Ce ne fut pas long : trois bâtons ferrés plantés dans la neige, un chapeau couronnant chaque bâton, et nous voilà campés. Nous nous mîmes à table sur des pointes de rocher, comme l'oiseau de Jupiter. Michel ouvrit gravement le sac aux provisions, fit sauter le bouchon de la bouteille, et me présenta le verre : « Après vous, Monsieur ! » Michel exhiba religieusement les provisions l'une après l'autre, et les étala méthodiquement sous nos yeux. Et chacun de s'épanouir à la vue de ces mets réconfortants... Je ne décrirai point notre repas sur la montagne. Qu'il me suffise de dire que la plus franche gaieté ne cessa de régner pendant tout le festin, et que, s'il y manqua quelque chose, ce ne fut pas cet assaisonnement que le philosophe grec recommandait à Denys le Tyran.

Armés d'un nouveau courage, nous poursuivîmes bravement notre petite expédition. Le soleil dardait sur nos têtes des rayons toujours plus ardents, et, dans le but de m'en garantir, j'enveloppai mon couvre-chef d'un foulard blanc. La réverbération des neiges devint à son tour insupportable : je me couvris le visage d'un voile de crêpe noir dont j'avais eu soin de me munir. En dépit de ces précautions, l'éclat des neiges m'empourpra la face; et comme j'avais oublié d'emporter une paire de lunettes de couleur, je fus atteint le lendemain de violents maux d'yeux.

Nous fûmes bientôt en présence d'un petit bassin circulaire, connu sous le nom de lac d'Oncet. La base du pic du Midi plonge dans ses eaux. Le lac était gelé et couvert d'une épaisse couche de neige. Étroitement encaissé entre de hautes montagnes, il est partout d'une grande profondeur et n'a point de rives. Il est surprenant de rencontrer un lac à une si grande élévation, car nous sommes ici à plus de deux mille mètres au-dessus du niveau de la mer. Je ne connais rien de plus calme que ces lacs de montagnes, placés au-dessus des orages, et que la tempête n'a jamais troublés : image fidèle de ces âmes recueillies qui vivent paisiblement loin des passions du monde.

Nous devions passer sur la pente de l'entonnoir,

dont l'inclinaison était très forte, et côtoyer le lac à cent mètres plus haut que le niveau de la glace. En été, ce passage ne nous eût point offert de difficultés ; car à cette époque, sous l'action du soleil torride, les neiges fondent et laissent à découvert les rhododendrons et autres arbustes, qui sont alors d'un grand secours : si l'on tombe, on a toujours la ressource de pouvoir s'y accrocher. Mais, dans la saison où nous étions, toute cette côte était couverte de plus de dix pieds de neige, et nulle part nous ne découvrions de traces de végétation. Le tapis blanc était parfaitement uni : nulle sinuosité, nulle ondulation n'en rompait la monotonie. Un faux pas en cet endroit eut suffi pour nous précipiter dans le béant entonnoir qui semblait nous attendre à cent mètres plus bas. C'est là que le bâton ferré nous fut d'un grand secours : à chaque pas nous le fichions dans la neige et nous y trouvions un point d'appui : de cette façon nous avions toujours le corps incliné vers la paroi de la montagne, ce qui diminue de beaucoup le danger. Piquant vigoureusement nos talons, nous enfoncions jusqu'aux genoux. Le guide qui me précédait formait les empreintes, et j'emboîtais mes pas dans les siens. Quand la neige était glissante et dure, il employait la hache et taillait des degrés. Nous marchions avec tant de prudence, que nous mîmes près d'une heure à franchir ce périlleux passage. Mes guides me con-

Une avalanche.

seillaient de parler bas, car les vibrations de la voix humaine suffisent parfois pour détacher les neiges et provoquer les avalanches. Nous ne prîmes du repos que lorsque nous fûmes arrivés à un petit plateau au centre duquel s'élevait un roc dénudé : on eût dit un écueil au milieu de la mer.

Pendant notre halte, nous entendons soudain un bruit formidable, comme celui d'un rocher qui s'écroule : mes guides m'en apprennent aussitôt la cause en me signalant, non loin de nous, une énorme cataracte de neige qui, rapide comme l'éclair, glisse le long des parois de la montagne, bondit, ricoche de roc en roc, se brise avec un vacarme infernale et finit par se résoudre en poussière, entraînant dans sa chute une quantité de pierres et de débris... C'est une avalanche. Tout ce fracas est répercuté mille fois par les échos innombrables des montagnes environnantes. Rien de plus solennel que ce tonnerre inattendu au milieu du silence et sous un ciel serein. Quatre fois, durant le cours de notre ascension, nous fûmes témoins de ces éboulements de neige produits par l'ardeur du soleil.

A peine étions-nous remis de notre émotion, que le guide qui marchait devant moi poussa un cri à la vue d'une piste tracée dans la neige : les empreintes étaient d'une dimension peu commune, et, en les considérant avec attention, il fut évident pour nous qu'un ours, qui devait être énorme, avait passé par là tout récemment. Je puis donc affirmer qu'il y a encore des ours dans les Pyrénées, et qu'il s'en est fallu de peu que je n'en visse un. Le nombre de ces quadrupèdes a pourtant fort diminué depuis quelques années, par suite de la chasse à outrance qu'on leur a faite dans ces derniers temps. Traqués partout par les montagnards, la plupart ont émigré sur le versant espagnol. Si cette guerre d'extermination se prolonge, l'ours ne tardera pas à disparaître des Pyrénées, comme le cerf, le bouquetin, le lynx et tant d'autres animaux intéressants.

Les touristes font souvent, en été, l'ascension du pic du Midi pendant la nuit pour assister au spectacle grandiose d'une aurore dans la montagne. C'est pour eux que l'on a construit, à peu de distance du sommet, une cantine où ils peuvent s'abriter et trouver du feu et de la nourriture. Nous apercevions déjà le toit de cette cabane, qui est abandonnée en hiver. Comme nous l'apprîmes en poursuivant notre excursion, notre ours aurait pu nous servir de guide : il s'était dirigé droit jusqu'à la cantine, dont il avait fait le tour. Nous trouvâmes la pauvre maisonnette à moitié ensevelie sous les frimas. Des murs de plusieurs pieds d'épaisseur atteste sa parfaite solidité : il faut cela pour qu'elle puisse résister aux tourmentes de l'hiver et au poids énorme de neige que supporte sa toiture durant plusieurs mois de l'année. Il n'y a pas longtemps qu'elle fut détruite par une avalanche : les montagnards la réédifièrent à une autre place. Cette auberge est située à la hauteur prodigieuse de deux mille quatre cents mètres au-dessus du niveau de la mer : c'est, sans contredit, une des habitations les plus élevées de l'Europe; elle se trouve à une altitude de beaucoup supérieure aux auberges du Climsenhorn, du Grimsel, du Righi, et inférieure de quelques mètres seulement à l'hospice du grand Saint-Bernard[1].

De l'hôtellerie on jouit d'un magnifique coup d'œil sur les rochers abrupts qui s'élancent de l'autre côté du lac d'Oncet. Voici l'*Espada* (l'Épée), sorte de glaive en pierre qui semble menacer le ciel; plus loin la *Campana* (Cloche), qui, s'il faut en croire la légende du pays, recèle la cloche immense du jugement dernier. Le vautour plane en tournoyant au-dessus de ces monts stériles.

Michel, qui était porteur des provisions, les abandonna en cet endroit pour se débarrasser d'un poids incommode : nous devions les retrouver à notre retour. Il était onze heures environ. Il nous restait à franchir la tête du géant. Quelques centaines de mètres encore, et nous arrivions au but.

---

[1] L'hospice du Saint-Bernard est situé à 2,472 mètres au-dessus du niveau de la mer.

En mesurant de l'œil la hauteur du sommet, il me semblait que nous devions l'atteindre bientôt; mais les montagnes sont trompeuses, et les touristes novices sont souvent leurs dupes. A chaque instant il vous semble que vous arrivez à la dernière cime ; vous croyez la toucher du doigt ; vous hâtez le pas, et néanmoins vous grimpez longtemps avant de l'atteindre. Vous y êtes enfin ; vous la tenez, cette cime tant désirée... O déception! un autre sommet se dresse devant vous comme par enchantement. Il faut recommencer à l'instar de l'infortuné Sisyphe. A mesure que nous nous élevions, la montagne semblait s'élever avec nous.

Nous arrivâmes à une heure et demie au bout de nos efforts. Un triple hourra retentit, et nous plantâmes nos piques sur le front sublime du pic du Midi, qui depuis huit mois n'avait plus subi le pas de l'homme. Nous pouvions jouir pleinement de la satisfaction d'avoir dompté la montagne dans une saison où l'ascension en est réputée très difficile.

III

Premier coup d'œil. — Panorama du Sud. — Aspect des plaines de France. — La descente. — Course en traîneau. — Un orage. — Retour à Barèges. — Effet de la réverbération des neiges. — Une barricade improvisée. — Coucher du soleil. — Retour à Luz.

Après quelques instants de repos, remis de mes fatigues, je pus me livrer au grand spectacle que j'avais sous les yeux. Du point culminant où j'étais placé, le regard plane sur toute la chaîne des Pyrénées : elles sont là, se déployant en amphithéâtre, comme l'image de la grandeur immobile et de l'éternelle stabilité ; j'aperçois d'un seul coup d'œil toutes ces cimes millénaires, au front desquelles est écrit l'âge du monde : je vois librement, sans obstacle, les entassements de neiges accumulées par les siècles, les glaciers éblouissants, les gouffres, les pics inaccessibles, les précipices, les gorges, les vallées... D'un regard on saisit la structure, l'enchaînement de cette gigantesque épopée géologique.

La grande chaîne primitive, qui sert de frontière à deux nations, découpe dans un ciel ardent ses crêtes et ses dentelures; elle se lève devant nous comme un formidable rempart et nous montre ses innombrables détails. Nous distinguons les longs rameaux qui partent de cette crête primordiale pour donner naissance aux nombreuses vallées dont les eaux vont fertiliser au loin les plaines de l'Èbre et de la Garonne. Au centre du tableau apparaît, dans un prodigieux éloignement, toute cette féerie du Marboré, connue sous le nom de *Cirque de Gavarnie* : superbe édifice, digne du ciel qui lui sert de coupole; avec sa triple rangée de gradins, ses tours massives et ses murailles inexpugnables, on le prendrait pour un colisée ou une citadelle bâtie par une race disparue. De ce côté apparaît, à travers une atmosphère d'une pureté incomparable, la fantastique *Brèche de Roland,* profonde échancrure que ce chevalier, d'après la légende, tailla d'un coup de sa Durandal dans un mur infranchissable : porte grandiose, placée entre la France et l'Espagne, dans le domaine de l'aigle et de la foudre. A droite trône le *Vignemale,* le prince des Pyrénées françaises, dont les glaces scintillent de tous les feux du soleil. Vers l'orient, un mont géant, situé en Catalogne, me fascine par le miroitement de ses glaces éternelles : c'est le pic dominateur de la *Maladetta* (montagne maudite); sa cime, longtemps indomptée, surpasse toutes les plus hautes montagnes de la chaîne; elle se dresse comme une barrière immense où le regard expire. Un autre pic s'élance au delà des frontières françaises, en Aragon : c'est le *mont Perdu,* que dompta l'illustre Ramond. Son dôme argenté, qui brave les foudres et les siècles, domine les montagnes gigantesques qui l'entourent, comme la coupole de Michel-Ange s'élève au-dessus des antiques édifices de la Ville éternelle. Le mont lointain nous renvoie, affaiblis par la distance, les scintillements de ses énormes glaciers.

A l'occident se profilent les lignes moins nettes des montagnes du Béarn, le *pic du Midi d'Ossau,* le *pic de Gabisos,* le *Monné,* et, plus près, l'immense Néoubielle, dont la cime bombée écrase de toute sa hauteur les monts environnants de Barèges, de Luz et de Saint-Sauveur...

Si vers l'Espagne s'étend un océan de montagnes, vers la France c'est le contraste parfait de plaines à perte de vue. Au premier plan se dessine la riante vallée de Gripp, avec sa verdure et ses rustiques habitations. Puis vient la célèbre vallée de Campan, qu'on aperçoit tout entière, cette oasis à côté du désert et de la désolation, qu'on a bien nommée la Tempé de la France. Plus avant vers le nord, les plaines de la Bigorre, du Béarn, de la Gascogne et du Languedoc se distinguent jusqu'à des distances infinies, et la vue s'égare à l'horizon

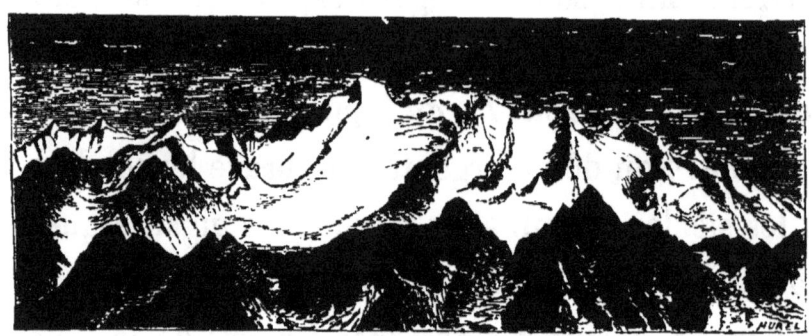

La Maladetta.

sur les landes des environs de Bordeaux et les plaines de Toulouse. On dirait une immense carte en relief, de trois cents lieues de circonférence : cette magnifique mosaïque était toute nuancée de tons qui s'adoucissaient insensiblement pour aller se fondre dans l'azur du ciel. Certaines parties, illuminées par le soleil, scintillaient comme de lointains mirages, tandis que d'autres points s'assombrissaient sous les nuages épars, qui dans leurs cours déplaçaient des masses colossales d'ombre et de lumière.

Contemplé des hauteurs où planent l'aigle et le

vautour, notre monde habité paraît un jouet d'enfant : toutes les lignes de la perspective paraissent brouillées, et les travaux humains les plus gigantesques ont l'air d'ouvrages de fourmis. Les deux villes de la Bigorre, Tarbes et Bagnères, paraissent comme deux points dans l'espace. L'Adour serpente comme un ruban d'argent au milieu de la plaine, et ses capricieux méandres scintillent comme une glace polie. A gauche, la petite ville de Lourdes avec son château et son lac qui brille dans un cadre de verdure. Au delà, se perdant dans l'infini, les landes et les plaines du Béarn, où est couchée, à quinze lieues à vol d'oiseau, la ville de Pau, qui se laisse reconnaître à la silhouette du vieux château où naquit Henri IV.

A l'est, on voit reluire les eaux de la Garonne, et dans un immense éloignement on distingue quelques lignes grisâtres qui indiquent la place de quelque grande cité du Midi, Toulouse peut-être.

Enfin, aux dernières limites de l'horizon, vers l'occident, une grande lueur azurée, brillant d'un plus vif éclat que le ciel, attire les regards : cette lueur provient de l'océan Atlantique, dont nous séparent quarante lieues de montagnes.

Au-dessus des cimes couronnées d'un hiver perpétuel, un soleil d'été s'avançait dans sa gloire, répandant partout ses rayons d'or et de feu. Que ne braverait-on point pour de telles magnificences !

« Aucune palette humaine ne rendra jamais cette vue, a dit un voyageur[1], pas plus qu'il ne sera donné à aucune plume de décrire les sensations qu'elle procure. Suspendu entre le ciel et la terre, l'homme conquiert en quelque sorte une nouvelle nature. Il se sent tour à tour agrandi ou annihilé : ses sens deviennent plus parfaits, ses impressions plus vives ; il pense à Dieu, et, comparant sa petitesse à la grandeur du tableau dont il jouit, il réprime son orgueil ; puis, fût-il un génie ou un roi, il rend hommage, comme le plus humble des pâtres ou des chevriers, à l'éternel auteur de toutes choses. »

Après une longue et silencieuse contemplation, je repris mon bâton ferré et suivis mes guides pour descendre vers les régions habitées.

La descente fut facile et agréable. Notre chemin était tout tracé : notre piste avait été parfaitement conservée, et il nous suffisait d'emboîter le pas dans les empreintes que nous avions formées. Seulement, si le matin la dureté de la neige nous avait fait courir quelques dangers, sa mollesse, produite par la chaleur de la journée, nous ren-

---

[1] M. Achille Jubinal.

dait maintenant la marche extrêmement pénible, parce que nos pieds, s'affaissant sur la surface tendre, rencontraient au-dessous une couche dure et glissante. Il arrivait parfois à l'un de nous de s'enfoncer dans la neige jusqu'à la ceinture, et il nous fallait aider le naufragé à se tirer de sa situation critique.

Au bout d'une heure de marche, nous fûmes fort surpris de voir que les traces de nos pas avaient entièrement disparu. Mes guides déclarèrent aussitôt qu'une avalanche avait roulé par là pendant que nous nous trouvions au sommet de la montagne. Je ne pus m'empêcher de frissonner en songeant au péril auquel nous avions échappé. L'avalanche avait tout enlevé et n'avait plus laissé qu'une mince nappe de neige dont la surface était trop dure et trop glissante pour permettre d'y enfoncer le pied et d'y trouver un point d'appui : cette neige avait la même dureté que la glace. Aussi fûmes-nous obligés de nous tailler des degrés à coups de hache. Nous marchions l'un après l'autre, et du même pied, dans les trous creusés par celui qui marchait en tête. Tout alla fort bien ; mais si nous avions dû continuer longtemps cette gymnastique, nous aurions mis huit jours à descendre le pic du Midi.

Au delà du lac d'Oncet, les pentes devinrent

plus douces. Il fallait ici une course en traîneau. Rien de plus simple : vous vous mettez sur votre séant, votre guide vous empoigne les deux jambes, et sans plus de façon court ainsi au bas de la pente, au grand détriment... du traîneau. C'est le jeu des montagnes russes dans sa plus naïve expression.

Quand nous fûmes au pied de la montagne, un vent violent s'éleva. Les nuages couraient rapidement d'une cime à l'autre. Le ciel devint tout noir, et une révolution complète s'opéra dans cette nature tantôt si calme. Le ciel s'entr'ouvrait à tout instant, et la neige brillait de lueurs rougeâtres et fugitives. Enfin ce fut un orage en règle. Un orage dans la montagne est assurément un des plus grands spectacles que puisse nous offrir la nature. Toute description serait pâle et incolore à côté du tableau. Faisons donc grâce des coups de tonnerre dont l'horrible fracas était exagéré encore par les grandes parois des montagnes ; passons les éclairs dont les lueurs sinistres illuminaient la longue chaîne des monts et faisaient briller tous les sommets d'un éclat infernal. Bornons-nous aux effets de pluie. Jamais je ne vis un pareil bouleversement dans les éléments : pendant une heure, pluie, rivières, ruisseaux, torrents, cascades, se déchaînèrent avec une fureur qu'on n'avait plus vue depuis Noé; le ciel avait ouvert toutes ses cataractes : on eût dit un immense fleuve se précipitant d'en haut, et comme nous n'avions pour tout parapluie que nos bâtons ferrés, l'eau nous coulait par le col de la chemise jusque dans nos bottes; le vent se lamentait en longs gémissements; la pluie oblique, crépitant comme la grêle, nous fouettait en plein visage; les torrents, bondissant dans leur lit de pierre, poussaient d'affreux beuglements, et la voix rauque et puissante du tonnerre dominait par intervalle tous ces bruits formidables.

La rivière du Bastan, gonflée par les mille cataractes qui ruisselaient en nappe le long des rochers, était devenue un fleuve furieux et portait le ravage au-dessus de ses digues. Elle charriait des arbres entiers, dont les branches étaient frangées d'une blanche écume qui formait comme des rubans d'argent; ces arbres, déracinés ou brisés par le vent, bondissaient d'un écueil à l'autre, tantôt plongeant dans des gouffres profonds, tantôt reparaissant... *nantes in gurgite vasto.*

La pluie cessa subitement, les nuages s'entr'ouvrirent par places, découvrant çà et là un pan de ciel bleu. Quelques aigles fendaient l'espace en glapissant. Une lumière timide baignait les cimes des montagnes. Les roches humides ne répandaient plus que de minces filets d'eau. Nous entendîmes encore pendant quelque temps le bruit lointain de l'orage, mais bientôt toute la nature rentra dans le silence.

Après avoir franchi les débris d'avalanche que nous avions passés le matin, nous rentrâmes, percés jusqu'aux os, dans le pauvre village de Barèges. Mes guides me conduisirent dans une hôtellerie où l'on me prodigua une hospitalité tout à fait montagnarde. On fit sécher mes habits, et l'on m'installa auprès d'un bon feu. Une chaise et du feu, quelle fortune après une pareille journée! Je m'aperçus, en me mirant par hasard dans une glace, que j'étais rouge comme une écrevisse cuite : c'était l'effet de la réverbération des neiges. Mon chapeau m'avait protégé le front, qui avait conservé son teint primitif.

Quand nous fûmes à demi séchés, nous remontâmes sur nos cheveaux, et, laissant le guide Michel à Barèges, nous nous remîmes en route pour regagner Luz, éloigné encore de huit kilomètres.

Dès que nous fûmes en présence du Rioulet, nous dûmes mettre pied à terre. Une barricade de pierres éboulées se trouvait devant nous : l'orage avait fait son œuvre, et le Rioulet montrait encore un reste de furie; le petit filet d'eau que nous avions vu le matin bondissait maintenant comme un torrent. Il nous fallut conduire nos montures par la bride à travers un monceau de roches branlantes.

Le soleil descendait à l'horizon et saluait une dernière fois les montagnes ; ses lueurs teignaient les neiges des couleurs les plus éblouissantes ; les nuages étaient enveloppés d'auréoles lumineuses. La nuit approchait rapidement ; déjà elle avait envahi les régions inférieures ; l'ombre des vallées montait lentement comme la marée de l'Océan, et la lumière semblait fuir devant elle, se retirant insensiblement vers les hautes cimes. Les bases des montagnes se cachaient depuis longtemps sous le noir des ombres, que les sommités les plus élevées rayonnaient encore à leur faîte de reflets d'iris et d'opale. Mais déjà les couleurs splendides s'éteignent et se métamorphosent en teintes violettes. Le front d'argent du Néoubielle reçoit le baiser d'adieu du soleil ; il brille dans la sérénité du ciel comme l'astre des nuits ; le dernier rayon du jour caresse longtemps la cime altière, puis il s'envole dans le firmament et s'évanouit.

Nous rentrâmes à Luz à neuf heures du soir, et nous eûmes toute la peine du monde à persuader aux gens de l'endroit que nous étions parvenus en cette saison au sommet du pic du Midi.

CHAPITRE II

LE CIRQUE DE GAVARNIE

I

L'église des Templiers. — Les Cagots. — Vallée de Luz. — Souvenir de la duchesse de Berry. — Saint-Sauveur. — Pont Napoléon. — Gorge de Gavarnie. — Le pas de l'Échelle. — Histoire de bandits. — Mystification. — Aspect du paysage. — Le pont de Scia. — Le vallon de Pragnères. — Gèdres. — La Brèche de Roland. — Le mont Sinistre. — Le cheval Bayard. — Le chaos.

Je venais de voir le cirque de Gavarnie du sommet du pic du Midi, situé à plus de dix lieues de distance; il fallait maintenant contempler de près ce grand monument des convulsions de notre globe, qui se trouve placé au cœur même des Pyrénées et dans la partie la plus colossale de la chaîne.

Je fis seller un cheval et partis seul à sept heures du matin. Avant de quitter Luz, je voulus faire une visite à l'antique église des Templiers, fort intéressante pour les archéologues, avec son mur de fortification, muni de créneaux et de meurtrières, et sa grosse tour carrée garnie de mâchicoulis. Une église fortifiée! On ne voit cela qu'aux Pyrénées. Ce curieux monument remonte au milieu même du moyen âge. Les Sarrasins faisaient alors de fréquentes incursions dans les Pyrénées et saccageaient de préférence les églises : voilà ce qui explique le caractère moitié religieux, moitié militaire, de cette étrange construction. On y montre encore une porte étroite et basse, aujourd'hui murée, qui donnait accès à la race exécrée des *Cagots* : ces malheureux étaient séparés du reste des fidèles, et se tenaient pendant l'office autour d'un bénitier qui leur était particulièrement destiné. Qu'était-ce que les *Cagots?* On s'est livré à ce sujet à bien des hypothèses. D'après Ramond, les Cagots ne seraient autres que les descendants des Visigoths, qui, après le désastre de Vouillé, seraient tombés sous le joug de la population gallo-romaine, par eux vaincue et dépossédée un siècle auparavant. S'il m'était permis de hasarder ici une opinion, je serais plutôt porté à croire que les Cagots étaient un reste des Sarrasins[1]. Même

---

[1] Pierre de Marca (*Histoire de Béarn*) fait venir le mot *cagot* de *caas-goths,* chasseur de Goths.

après leur conversion au christianisme, le souvenir de leur ancienne origine les voua à la haine et au mépris des populations auxquelles ils avaient voulu imposer un jour la croyance islamique. On les traita avec une barbarie que l'on ne peut expliquer que par la réaction de l'opprimé contre l'oppresseur vaincu. La loi leur enleva leurs droits de citoyens : ils étaient regardés comme des étrangers, même dans leur pays natal, éloignés de toutes charges publiques et réduits à former comme une caste inférieure. D'après l'ancien *for* de Béarn, il fallait la déposition de sept Cagots pour valoir un témoignage. Réputés ladres et infects, le mariage et la vie commune avec le reste de la population leur étaient interdits sous les peines les plus sévères ; il leur était défendu de converser avec qui que ce fût ; ils ne pouvaient sortir autrement que chaussés et habillés de rouge, sous peine d'être frappés de verges ; toute personne qu'ils approchaient à la distance de six pas avait le droit de les tuer. Les parias de l'Inde et les ilotes de la Grèce n'eurent pas une condition plus dure. Aujourd'hui les derniers vestiges de ces populations opprimées ont entièrement disparu : l'antique église de Luz est le seul monument qui en réveille le souvenir.

De Luz à Saint-Sauveur, ce n'est qu'une promenade. On longe le gave en suivant une belle avenue plantée de peupliers et bordée de larges prairies.

Malgré mon ascension précédente, je me sentais dispos et plein d'ardeur : tant est vivifiante l'atmosphère des montagnes ! Avec quelle joie je contemplais cette vallée de Luz, si coquette dans sa verdure printanière, si fraîche et si vaporeuse sous la rosée du matin ! Éclairées par un soleil naissant, les hautes cimes scintillaient comme des paillettes d'argent; d'autres s'enveloppaient d'une écharpe de nuages : j'apercevais alors dans le ciel comme de nouvelles cimes qui, soutenues dans le vide par les flots de cette brume indécise, me paraissaient démesurément hautes. Les montagnes, a dit un écrivain artiste, réalisent tout ce que l'on en rêve, ce qui n'est pas un mince éloge. Seulement on est presque toujours tenté de les trouver trop petites; ce n'est que par comparaison que l'on peut s'assurer de leur énormité : de loin vous prendriez pour des champs de verdure les forêts séculaires qui couvrent leurs flancs.

Saluons en passant la colonne de marbre blanc élevée au bord du torrent en l'honneur de la duchesse de Berry. Que de choses à méditer devant ce marbre muet, souvenir d'un passé déjà loin de nous !

Nous sommes ici à l'entrée de Saint-Sauveur. Bâtie sur le versant d'une montagne, cette petite ville thermale domine toute la vallée de Luz et se cache comme un lis blanc au milieu d'un épais fouillis d'arbres au-dessus du précipice où le gave roule ses eaux écumeuses. Rien de hardi et de gracieux comme ce nid d'aigle perché sur la montagne.

Une seule rue, toute droite, avec de coquettes maisons toutes neuves, terminée par une jolie église gothique, et s'appuyant en maints endroits sur d'immenses contreforts en maçonnerie dont la base plonge dans le lit du gave, voilà Saint-Sauveur. Au centre de la rue se trouve l'établissement thermal, où les pauvres malades viennent en foule demander la santé.

Au commencement du siècle, il n'y avait ici qu'une misérable cabane en bois, connue seulement des habitants de la vallée qui venaient y prendre des bains de boue. Mais un jour un abbé, y ayant trouvé sa guérison, construisit une chapelle tout près des sources, et inscrivit cette phrase latine, inspirée d'Isaïe, qu'on lit sur le fronton de l'édifice actuel :

VOS HAVRIETIS AQVAM DE FONTIBVS SALVATORIS
(*Vous viendrez boire à la fontaine du Sauveur.*)

C'est à cette heureuse devise que Saint-Sauveur doit son nom, sa réputation et sa fortune. Les eaux de Saint-Sauveur, assure M. Lallier, sont surtout employées par les personnes atteintes de maladies de nerfs : aussi les grandes dames forment-elles la majeure partie de la population flottante, car n'a pas des nerfs qui veut.

En quittant la ville, on franchit l'effrayant pont Napoléon, qui relie Saint-Sauveur à la route qui va par Gavarnie en Espagne. Cette monumentale construction mérite à bon droit d'être rangée parmi les cent merveilles du monde. Elle est due à l'initiative de Napoléon III, qui se reposa quelques jours ici après la campagne d'Italie, et voulut laisser dans la contrée un souvenir durable de son séjour. Qu'on se représente une arcade de granit en plein cintre, reposant sur la base naturelle de deux rochers à pic, et franchissant d'un seul bond une gorge de plus de deux cents pieds de profondeur, au fond de laquelle le gave jette sa plainte rauque et caverneuse. « Ce pont grandiose, dit Adolphe Joanne, a soixante-sept mètres de longueur, l'ouverture de l'arche est de quarante-cinq mètres, et la clef de voûte est à quarante-cinq mètres au-dessus du torrent. » Ces chiffres suffisent pour donner une idée de la hardiesse du travail. Si la nature avait placé ici un fleuve, les plus grands navires auraient pu passer tout mâtés, comme autrefois entre les jambes du colosse de

Rhodes, sous cet arc triomphal élevé à la vieille Pyrène.

Au milieu du pont il faut mettre pied à terre : on

Pont Napoléon, à Saint-Sauveur.

ne peut sans frémir plonger les regards dans cette ténébreuse crevasse où ne pénètre jamais ni soleil ni lune : un pied de granit vous tient suspendu au-dessus de l'abîme ! N'est-ce pas là le plus incroyable tour de force de l'industrie humaine ?

En poursuivant notre route vers Gavarnie, nous pénétrons dans un défilé d'un aspect sauvage et sombre ; il forme en quelque sorte la continuation de la gorge de Pierrefitte, et présente les mêmes caractères de destruction. Les montagnes de droite et de gauche se rapprochent et semblent vouloir vous étouffer sous leurs masses puissantes. On hésite à s'engager sous ces sombres stratifications, qui menacent éternellement le passant d'un ensevelissement effroyable. Bientôt les deux parois se rétrécissent tellement, que le ciel ne se laisse plus voir que par une longue fente : le mouvement des nuages qu'on aperçoit par cette échappée donne le vertige. La route surplombe le précipice à des hauteurs épouvantables, et en maints endroits le râle sinistre du torrent, qui se heurte furieux contre les mille obstacles qui encombrent son lit, n'arrive à l'oreille que comme un murmure étouffé. Ici tout est solitude. Plus d'habitations, plus de cultures. Depuis Saint-Sauveur jusqu'à Gavarnie, sur un parcours de plus de six lieues, on ne rencontre que deux villages, Pragnères et Gèdres, séparés du reste du monde par d'affreux déserts.

C'est dans cette horrible gorge que l'on voit encore sur un roc solitaire, à l'endroit appelé le pas de l'Échelle, les murs noirs et lézardés de la redoutable forteresse de l'*Escalette,* qui rappelle une sanglante aventure. Autrefois les miquelets du Brotto [1] faisaient de fréquentes incursions dans les vallées de Barèges et du Lavedan, où ils ne se faisaient nul scrupule de piller les villages et de saccager les moissons. Les Barégeois, lassés enfin de ces persécutions, résolurent un jour de se défaire à tout prix de ces hardis brigands. Ayant appris que douze cents miquelets venaient de pénétrer par le port de Gavarnie dans la partie supérieure de la vallée, avec l'intention de se livrer à leurs déprédations habituelles, les montagnards allèrent se poster en bon nombre dans le fort de l'Escalette, où ils attendirent l'ennemi et lui dressèrent une embuscade. Ils rassemblèrent sur la montagne une énorme quantité de pierres, de quartiers de rocs et de troncs d'arbres, et les disposèrent de façon à pouvoir les précipiter en un clin d'œil lorsque le moment serait venu. Les Espagnols, enhardis par leurs premiers succès, et ne se doutant pas du guet-apens, s'engagèrent avec confiance dans l'étroit passage; et déjà ils se préparaient à escalader les talus au moyen de quelques échelles, lorsque tout à coup, à un signal donné, la terrible avalanche s'ébranla tout entière et s'a-

---

[1] Vallée située en Espagne, à quatre lieues de Gavarnie.

battit sur leurs têtes; ce fut l'affaire d'un instant : toute la bande fut broyée sous une pluie de projectiles ou précipitée dans les eaux du gave; les blessés et les fuyards furent impitoyablement massacrés. Pas un des douze cents miquelets ne retourna en Aragon.

Le pas de l'Échelle est aussi lugubre que l'événement dont il fut le théâtre: les deux masses granitiques se penchent gigantesques l'une vers l'autre, et simulent l'arche d'un pont que l'on aurait coupé pour fermer le passage à une armée de Titans.

A l'une des parois de la grotte est adaptée une plaque de marbre qui ne peut manquer d'attirer l'attention du voyageur; on y lit cette inscription:

PASSANT

CONTEMPLE ICI

D'UNE AME FERME ET D'UN OEIL ASSURÉ

DEPUIS LE SOMMET DE CES MONTS SOURCILLEUX

JUSQU'AU FOND DE L'ABIME

LES PRODIGES DE L'ART

ET CEUX DE LA FORTE NATURE

ADOUCI PAR L'INDUSTRIE HUMAINE

LE FIER GÉNIE DE CES MONTAGNES

DÉFEND

D'Y TREMBLER DÉSORMAIS

TRAVAUX EXÉCUTÉS

EN

MDCCLXII

N'en déplaise à l'auteur de cette pompeuse épigraphe, il est difficile de se défendre d'un sentiment de terreur dans cette funèbre solitude, où le vautour plane encore au-dessus des victimes du Brotto.

A peine eus-je quitté le pas de l'Échelle, que je crus entendre un autre piétinement que celui de mon cheval : j'eus beau écarquiller les yeux et promener mes regards dans toutes les directions pour découvrir d'où venait la chevauchée, comme sœur Anne, je ne vis rien venir. Quel tour me joue-t-on ici? me dis-je impatienté : mes yeux me disent que je suis seul, et mes oreilles me feraient croire le contraire. Et, en effet, il n'y avait autour de moi que des rochers; or je compris bientôt que c'était là l'unique cause de la mystification : j'étais le jouet de l'écho, qui, en cet endroit, est d'une fidélité saisissante, grâce à la surface lisse et polie des parois.

A mesure que l'on s'enfonce dans les sombres replis de la gorge, le paysage prend un caractère plus farouche. Ici un roc droit comme une muraille, haut comme une tour de Babel, se dresse subitement et semble vouloir vous barrer le passage. Là des cascades s'élancent en écume blanche du sommet des monts, et s'engouffrent dans les eaux du torrent après une chute de quatre cents pieds.

Depuis longtemps retentit un bruit sourd, semblable au bruit des vagues de l'Océan lorsqu'elles se brisent sur la grève : à un détour du chemin, je me trouve subitement en face du pont de Scia, sous lequel s'élance, avec toute la majesté d'une force indomptable, une cataracte de plus de cinquante mètres de hauteur. Je serais resté des heures entières à contempler cette eau furieuse qui passe sous le pont rapide comme la flèche, retentissante comme le tonnerre, pour aller se perdre sous d'énormes blocs de rochers. Le paysage environnant est un des plus pittoresques de cette vallée, si riche en accidents et en contrastes : à gauche, la montagne offre un aspect sourcilleux; à droite, au contraire, elle a une physionomie gracieuse et riante. Le gave est encaissé dans un gouffre profond, entre deux parois granitiques reliées par une arche à laquelle le roc sert de culée; au-dessus de cette arche à demi ruinée s'élève un pont de bois plus récent; enfin, à une grande élévation au-dessus du torrent, un dernier pont d'une grande hardiesse de construction couronne fort bien ce curieux spécimen de l'art pastoral : celui-ci consiste simplement en une longue travée de bois reposant sur deux culées de pierre. Ces trois ponts superposés se présentent fort bien à l'œil dans leur cadre pittoresque de plantes grimpantes.

La route se poursuit à travers des montagnes d'un aspect terrifiant, où de loin en loin se montrait une cabane isolée ; puis tout à coup, par un contraste indicible, on se trouve en face de la plus verte vallée que la main de Dieu ait jamais formée. N'est-ce pas qu'il est doux, au sortir d'un horrible pas, de rencontrer le silence et la verdure? Rien de plus riant, de plus fleuri que le vallon de Pragnères : de vertes sapinières couvrent le penchant des monts ; une infinité de petits ruisseaux arrosent les prairies où s'éparpillent des troupeaux de brebis gardés par des bergers au costume pittoresque. Çà et là se montrent quelques cabanes abritées par des arbres au feuillage touffu. C'est la vie pastorale au milieu du désert, c'est le bonheur peut-être, si l'homme pouvait le comprendre et en jouir.
O felices sua si bona norint!

Plus loin, c'est Gèdres, qui donne également son nom à l'une des plus belles vallées des Pyrénées. Ce village, situé au pied du Coumélie, au point de jonction des vallées de Héas et de Gavarnie, a un cachet tout pyrénéen : les maisons, presque toutes construites en bois, sont disséminées en groupes pittoresques sur les pentes capricieuses du terrain. La perspective est splendide : dans le lointain du paysage, on aperçoit déjà les gradins supérieurs du cirque de Gavarnie; le Marboré dresse dans la nue son étincelant diadème de neige et de glace : il semble être à peine à quelques portées de fusil, et pourtant il est encore à plus de deux lieues.

La *Brèche de Roland* se profile admirablement dans le ciel d'Espagne : on dirait d'un immense tombeau élevé au sommet des Pyrénées, et que la foudre aurait brisé par le milieu. Cette brèche a trois cents pieds de profondeur : l'œil ne lui donnerait pas trente pieds.

Au delà de Gèdres, c'est toujours la même voie étranglée. Je n'ai rien vu qui s'annonce avec tant de majesté que le cirque de Gavarnie. Plus on approche du terme du voyage, plus on éprouve d'étonnement et d'admiration. « Là tout est grand, magnifique, sublime, a dit un voyageur[1], et l'homme, entouré de monuments augustes, reconnaît sa faiblesse et la toute-puissance d'une main souveraine. »

Voici une montagne qui porte le nom de mont Sinistre. — Ici les noms répondent aux choses. — C'est un roc stérile ; son flanc est affreusement déchiré ; son aspect a quelque chose de terrible.

A quelque distance de là, on voit encore sur le roc l'empreinte profonde des pieds de Bayard, le

---

[1] B. de Mirbel, *Ascension à la Brèche de Roland.*

cheval de Roland, qui, lancé du sommet du Marboré, sauta d'Espagne en France, et franchit d'un bond un espace de quatre lieues. Les grands sites inspirent les grandes légendes.

Je viens de perdre la trace du gave; j'entends ses eaux bouillonnantes se briser contre les obstacles, mais mon œil ne peut en apercevoir le cours au milieu des pierres énormes qui ont roulé dans son lit et lui ont fait une voûte impénétrable; les blocs de granit deviennent si compacts, qu'ils étouffent sous leur poids la sourde plainte du torrent; la végétation disparaît, tout bruit cesse, on n'entend même plus le sinistre glapissement de l'oiseau de proie... O l'horrible site! on l'a nommé le *Chaos,* et certes nul autre nom ne lui convenait mieux. — La montagne entière est tombée en ruine. — Toutes les ruines humaines ne donneraient pas même une idée de ce spectacle de désolation. Représentez-vous, si vous pouvez, un vaste amoncellement de rochers tombés sur place, de montagnes écroulées, d'innombrables débris qui paraissent se broyer encore; de quelque côté que l'on porte les regards, on n'aperçoit que gigantesques éboulements qui sillonnent les pentes abruptes, torrents de rochers qui roulent des flots de pierres jusqu'au fond de la vallée. La route serpente au milieu d'une forêt de monstrueux monolithes, qui se dressent à chaque pas comme des apparitions; leurs masses colossales revêtent mille formes fantastiques : ici un bloc semble avoir été jeté d'une rive à l'autre du torrent pour servir de pont; là un rocher forme toit au-dessus du chemin, et peut servir d'abri en cas de mauvais temps; plus loin une pierre plate tombée en travers de deux autres roches rappelle les anciens dolmens ; j'en ai vu qui affectent la forme d'êtres animés : tantôt d'un aigle colossal, le bec enfoncé sous son aile, tantôt d'un mammouth antédiluvien. A droite et à gauche, la montagne a des fantaisies aussi effrayantes que pittoresques; çà et là, sur la pente rapide, un bloc de cent mille kilogrammes est retenu comme par miracle dans un équilibre toujours menaçant : il semble qu'on le précipiterait rien qu'en le touchant du doigt. Un coup de vent, une tempête viendront quelque jour déterminer sa chute, et malheur au voyageur que surprendra la redoutable avalanche de granit!

Il n'est peut-être pas au monde un site plus désolé que le *Chaos*. On cherche vainement quelque objet qui puisse réjouir et reposer la vue : pas une touffe de verdure, pas un arbrisseau, pas le moindre filet d'eau; partout la pierre nue, le roc pelé. La vie s'est retirée pour toujours de ces lieux maudits. C'est la stérilité sous son aspect le plus navrant.

L'on ne peut sans effroi reporter sa pensée au jour terrible de la ruine, qui date peut-être de l'année d'un affreux tremblement de terre du vi[e] siècle, rapporté par Grégoire de Tours. Les flancs des montagnes craquèrent et s'entr'ouvrirent; toutes les cimes chancelèrent, se fendirent, se disloquèrent et s'écroulèrent dans un indescriptible fracas; les rochers sillonnèrent l'espace avec une prodigieuse vitesse, et se heurtèrent dans le vide... Quelle destruction! « Si un homme, a dit un auteur[1], a pu voir sans périr les deux mers de roches bondissantes arriver dans la gorge à la rencontre l'une de l'autre, et se broyer dans une pluie d'étincelles, il a contemplé le plus grand spectacle qu'aient jamais eu des yeux humains! »

J'errais seul au milieu de ces débris, et je m'étonnais de n'entendre d'autre bruit que celui du pied de mon cheval. Malgré moi, j'étais accablé de pensées graves et tristes, et pénétré du sentiment que produit en nous le spectacle d'un immense désastre. J'essayais de me représenter ces lieux dans leur premier état. Autrefois ces montagnes ruinées durent protéger de leur ombre une fraîche et riante vallée, pareille sans doute à la délicieuse oasis de Pragnères; le torrent, perdu aujourd'hui

---

[1] Taine, *Voyage aux Pyrénées*.

dans un dédale de pierres, murmurait, ruisseau paisible, au milieu de la verdure; des arbres séculaires s'épanouissaient au pied des mêmes rochers qui les ont ensevelis sous leurs énormes débris... En quelques secondes, le verdoyant bassin s'est transformé en un affreux désert, et depuis les oiseaux ont fui cette région de deuil et de dévastation; et l'homme lui-même, habitué à une nature chaude et bienveillante, ne s'y sent plus à sa place.

Ma monture me rappela tout à coup au sentiment de l'existence par un bond désordonné, qui faillit me faire perdre à la fois mon chapeau et mon centre de gravité : au même moment j'entendis une détonation semblable à un coup de canon, et je vis s'abattre, à vingt mètres de moi, une énorme pierre qui s'était détachée des roches supérieures. Le Chaos rentra dans son silence mortel, et j'éperonnai mon cheval interdit.

II

Gavarnie. — Le livre des voyageurs. — Le vin du pays. — Illusion d'optique. — Un mot de lord Bute. — Le cirque de Gavarnie. — La plus haute chute de l'Europe. — Ponts de neige. — Aventure d'un Anglais. — Aspect de la grande cascade. — L'Arioste. — La légende de Roland. — Le Marboré et la Gemmi. — Tout est bien qui finit bien. — Rencontre d'Espagnols. — Retour à Luz.

Nous voici à Gavarnie. C'est un pauvre village d'environ trois cents âmes, qui a appartenu jadis aux templiers, puis aux chevaliers de Malte. Il donne son nom à la gorge que nous venons de quitter, au cirque, à la cascade et au port ou passage qui, de ce côté, conduit en Espagne.

Il n'est encore que dix heures, ce qui prouve que mon coursier a marché lestement, car j'ai déjà fait six lieues depuis Luz. J'avise l'auberge de l'endroit, et j'y fais donner une ration d'avoine à ma bête, qui, pendant la dernière partie du trajet, a manifesté fréquemment des dispositions herbivores. Pendant que l'on me prépare à déjeuner, je passe agréablement le temps à parcourir le livre des voyageurs, où sont consignées les appréciations les plus diverses et les plus disparates. L'esprit et la sottise y sont tour à tour étalés dans le plus pittoresque amalgame. Le dernier venu est un Anglais, qui n'a rien trouvé de mieux à faire que d'écrire son dîner. Ces Anglais sont positifs : en voyage ils mangent, puis ils écrivent ce qu'ils ont mangé. L'avantage de cette littérature gastronomique, c'est qu'ils peuvent s'imaginer avoir dîné deux fois. L'omelette au lard qui me fut servie au bout d'un quart d'heure d'attente ne pouvait guère prétendre à l'honneur de figurer au livre des voyageurs. Quant au vin du pays, en dépit du voisinage de l'Espagne, jamais vinaigre ne me fit tirer d'aussi longues grimaces.

Il est temps de remonter en selle, car il nous reste une bonne lieue à faire pour gagner l'amphithéâtre. Un naturel du pays m'accompagne en qualité de guide. Cet homme est bègue : parle-t-il spontanément, il articule à merveille; mais si je viens à lui adresser la parole, il s'embrouille dans ses phrases à perte de vue. Pour comble d'infirmités, le malheureux est affligé d'un goître, chose assez commune dans les montagnes.

A peine ai-je quitté le village, que je vois apparaître la partie supérieure du cirque : il semble n'être plus qu'à quelques pas de nous, et cependant nous employons une heure entière pour atteindre l'entrée de l'enceinte. Ce fait seul dénote les proportions de son périmètre. On se croit déjà presque au fond de la gorge; mais, à mesure que l'on avance, les glaciers semblent s'éloigner et prendre des proportions plus gigantesques encore. Nulle part ailleurs l'illusion n'est si trompeuse : on marche à grands pas, on se hâte, on court, et à chaque pas le but que l'on croyait d'abord si près de soi semble reculer comme pour vous échapper. Cet effet d'immensité a dû faire le désespoir de bien des piétons, à plus forte raison de bien des peintres, et je puis m'étonner de ne pas avoir trouvé autour de moi des débris de palettes et des pinceaux abandonnés.

Nous marchons à travers une plaine dévastée par les inondations du gave; à chaque minute, mon cheval passe le torrent à gué en trébuchant contre les pierres qui en encombrent le lit. Ces eaux glaciales, qui, le matin encore, étaient étendues en nappes d'argent sur les épaules blanches du Marboré, sont d'une limpidité qui rivalise avec l'éclat du cristal ou du diamant : parfois elles coulent silencieusement sur la neige, et ont alors des miroitements éblouissants.

A l'entrée du cirque on trouve une misérable cabane. Vu l'état de la saison, elle est encore déserte. Mon guide m'enjoint d'y laisser mon cheval, car les neiges nous attendent à deux pas de nous ; il attache la bête en plein air à un tronc de sapin ; j'observe que c'est imprudent ; mais à quoi bon recommander la prudence à un guide ! On verra plus tard si j'avais raison.

Nous touchons enfin le seuil de l'édifice circulaire, et en posant le pied sur l'arène immense, d'un coup d'œil je l'embrasse tout entière. La magnifique vision ! En vain j'essayerais de décrire ce que cette apparition a d'inopiné, d'étonnant, de magique, au moment où la scène grandiose se dévoile au regard surpris et fasciné. « La grande, la belle chose ! s'écriait milord Bute lorsqu'il vint ici pour la première fois. Si j'étais encore au fond de l'Inde, et que je soupçonnasse l'existence de ce que je vois en ce moment, je viendrais sur-le-champ du fond de l'Inde pour en jouir et l'admirer ! »

Qu'on se figure un cirque mille fois plus colossal que le Colisée de Rome. La nature en fut l'architecte : elle a fait un chef-d'œuvre et l'a légué à l'éternité. L'édifice est à ciel ouvert ; son pourtour, semi-circulaire, est chargé de gradins gigantesques de granit grisâtre, où brillent au soleil des nappes de neige qui ne fondent jamais. Dix-sept cascades bondissent de gradin en gradin de la cime jusqu'aux glaciers du fond : le vent les fouette et les disperse avant même qu'elles aient touché le sol. La formidable muraille qui entoure l'enceinte se dresse

Gavarnie.

tout d'un jet, avec trois étages d'assises de marbre et un triple front de créneaux ; taillée à pic, elle élève à plus de 2.000 mètres de sa base son couronnement diapré de champs de neige et à demi perdu dans les nuages. L'hémicycle mesure près d'une lieue de circonférence; il tiendrait à l'aise, entre ses parois et sur ses gradins, dix millions d'hommes.

Quand l'imagination essaye de peupler cet amphithéâtre, auprès duquel ceux des Romains ne sont que des jeux d'enfants, elle ne sait quelle scène y placer qui soit digne de la majesté du lieu. « L'un, dit M. Cuvillier-Fleury, convoquait un peuple, l'autre une armée, Charlemagne ou Napoléon : celui-ci déchaînait dans l'immense hémicycle la danse des morts de Holbein, celui-là y plaçait les assises du jugement dernier. »

Voilà le site le plus sublime, le plus effroyablement grand que l'on puisse rêver. Il semble qu'une puissance invisible ait voulu édifier ici une œuvre destinée à confondre l'orgueil humain. L'imagination la plus féconde ne saurait se représenter ce qu'on a sous les yeux. Ailleurs la nature peut transporter l'âme et la ravir d'enthousiasme : ici elle la saisit, elle la subjugue et l'annihile.

De quelque côté qu'on laisse errer la vue, le roc vous accable de tout le poids de son immensité. La hauteur des monts qui vous surplombent varie entre trois et quatre mille mètres[1]. Mais pourquoi mesurer par des calculs la grandeur de cette enceinte? Un voyageur ne l'a-t-il pas dit? Sa grandeur c'est Dieu.

J'ai contemplé longtemps ce prestigieux tableau,

---

[1] Le casque du Marboré, près de la Brèche de Roland, a 3,006 m. de hauteur; la tour du Marboré, 3,018; le Taillon, 3,116; le pic du Marboré, 3,253; le Cylindre, 3,327; le mont Perdu, 3,351.

que la poésie et la peinture ont tant de fois essayé de reproduire, et j'ai été surpris non seulement de son imposante étendue, mais encore des formes multiples et de l'art infini que la nature y a déployés. Ces tours arrondies qui se profilent si bien dans le ciel d'Espagne ne sauraient mieux couronner l'immense forteresse. Les gradins curvilignes sont superposés avec tant d'ordre, tant de symétrie, que l'on serait tenté de croire, au premier aspect, que la main des hommes y a appliqué l'aplomb. Le patient travail du temps les a ornés de sculptures prodigieuses, d'arabesques fantastiques, de signes mystérieux : l'âge du monde est lisiblement écrit sur ces murs millénaires, labourés de rides profondes. Si l'on étudie d'un œil attentif cette gigantesque épopée de granit, on y découvre mille accidents, mille tableaux, mille ébauches d'architecture qui passaient d'abord inaperçus : en sorte qu'on peut dire que la majesté de l'ensemble ne se laisse surpasser que par la variété des détails.

La magnificence de la scène est encore rehaussée par des teintes incomparables, particulières aux hautes montagnes, et que le pinceau ne peut rendre. Cette couleur dorée et transparente, ce reflet céleste, cette lueur diaphane répandue sur tous les objets, tout ici annonce le voisinage des régions éthérées. L'enceinte est remplie d'une lumière blanche, qui semble prendre un corps subtil, et que l'éclat des neiges rend en quelque sorte visible dans sa pure essence.

La grande cascade, qui occupe l'angle gauche du cirque, est la plus haute chute de l'Europe. Je dis *la plus haute,* et non la plus grande ni la plus forte, car le *Rjukandfoss* (chute fumante), que j'ai vu en Norwège, l'emporte sur la chute de Gavarnie en puissance d'eau : là un lac tout entier, le lac Mjos, se précipite de neuf cents pieds de hauteur dans la vallée de Vestfjorddal pour aller se déverser plus loin dans le lac de Tinn : ici c'est un torrent qui s'élance du sommet du Marboré, rencontre une saillie à mi-chemin, et de là rejaillit dans le cirque après une chute de quatre cent vingt-deux mètres.

Cette fois encore, par une illusion d'optique que produisent la transparence de l'air et l'énormité des masses environnantes, cette chute ne me paraît être qu'à un jet de pierre : or il me fallut une heure de marche pour l'atteindre.

Nous attaquâmes les neiges et pénétrâmes plus avant dans l'intérieur de l'enceinte; elle est pavée de blocs énormes descendus des sommets de la vieille Pyrène. Il est très facile de reconnaître dans la conformation du sol trois anciens lacs aujourd'hui taris. Les neiges qui revêtent le fond de ces bassins conservent la dureté de la glace sous le soleil du midi.

En arrivant au troisième bassin, nous traversons des ponts de neige sous lesquels rugissent les torrents qui les ont perforés. Ces ponts s'ouvrent tout à coup devant vous comme autant de soupiraux qui vomissent des gaves. Les guides ne manquent pas de vous raconter l'histoire d'un Anglais qui, par curiosité, se laissa choir dans un de ces gouffres et en sortit demi-mort « avec la rapidité d'une truite ». C'est toujours aux Anglais qu'arrivent de pareilles aventures.

La pente neigeuse s'incline de plus en plus à mesure que nous approchons de la chute. Celle-ci, qui tantôt nous paraissait peu considérable, prend des proportions colossales : elle fait entendre un bruit semblable au gémissement du vent dans les forêts. Il faut voir de près cette reine des cascades, pour se convaincre qu'elle n'a pas moins de trois fois la hauteur de la flèche de Strasbourg. La plupart des touristes se bornent à la contempler à distance, de l'entrée de l'enceinte : de là elle paraît haute comme la chute de l'Amblève à Coo ; puis ils tournent le dos au Marboré, un peu désappointés, mais très convaincus qu'ils ont vu Gavarnie [1].

---

[1] « Malgré leur immense réputation, dit M. Lequeutre, les cirques sont peu connus, même le cirque de Gavarnie. Cette

Après une heure de marche, nous avons traversé le cirque dans toute son étendue. Nous sommes au pied de la chute, et nous recevons sa rosée glaciale, qui descend et remonte incessamment en légers nuages. L'œil peut suivre le cours majestueux de cette rivière d'argent suspendue dans les airs, qui s'échappe, à plus de quatre cents mètres au-dessus de nos têtes, des glaciers de la Frazona. Au commencement de sa course, elle forme une abondante colonne d'eau; puis, se brisant plus bas sur des pointes de rochers qu'elle rencontre en son passage, son onde forme une pluie qui voltige au gré du vent. Un sillon de fumée, une écharpe de mousseline qui s'enfle au souffle de l'air, ne sont ni plus gracieux ni plus légers que ce beau voile aérien qui se balance mollement le long du rocher comme un

---

dernière assertion semblera paradoxale; elle n'est que vraie. On vient beaucoup, en partie de plaisir, à Gavarnie; on y reste deux à trois heures, pendant lesquelles il faut déjeuner. Les intrépides vont jusqu'au seuil du cirque, ou même jusqu'au pont de neige; puis ils partent, croyant connaître le cirque de Gavarnie. C'est là, je crois, une erreur. C'est seulement après avoir séjourné dans le pays, après avoir vu le cirque à toute heure du jour, au coucher du soleil, au lever de la lune, après l'avoir examiné de la terrasse du Coumélie, de la montée des Entortes ou de Bareilles et des Sarradets, après avoir visité les autres grands cirques, que l'on peut emporter avec soi une impression vraie et personnelle de cette merveille. » *Annuaire du Club alpin français*, première année (1874). *Sept jours d'excursions pédestres autour de Gavarnie.*

panache de plumes fines. L'eau réduite en poussière s'irise sous les rayons du soleil : on dirait des arcs-en-ciel montant du fond du cirque vers la cime des rochers ; ce n'est plus une cascade, c'est un torrent d'or liquide mélangé d'émeraudes, de saphirs, de rubis ; c'est une gerbe de feu où se jouent des milliers d'étincelles, comme les flocons de neige qui tombent du ciel. C'est féerique, c'est éblouissant.

Si j'élève les regards au-dessus de la cascade, j'aperçois les sommets dentelés du Marboré qui se détachent sur le ciel comme les créneaux d'une forteresse : ces formidables remparts, bornes de deux contrées et de deux races, réveillent de grands souvenirs que la poésie a immortalisés. Voilà ces sublimes tours du Marboré, où combattirent autrefois Agramant, Ferragus, Marsile, contre les preux de Charlemagne ! C'est là, nous dit l'Arioste, que Gradasse et Roger combattirent Atlant ! Voilà le rocher d'où fut précipitée Bradamante, par la ruse de Pinabel ! Voilà où s'élevait le château d'acier d'Atlant l'enchanteur ! Voilà la brèche que Roland, blessé et mourant, perça dans la montagne de sa terrible épée Durandal[1] ! Cette histoire est d'une simplicité et d'une grandeur héroïques.

---

[1] D'après la plupart des historiens, ce fut dans le val de Roncevaux que périt le chevalier Roland. La légende est donc ici en contradiction flagrante avec l'histoire, au moins en ce

Le traître Ganelon a vendu Roland pour de l'or à l'émir de Saragosse : il lui fait confier le commandement de l'arrière-garde de l'armée, et lui dresse des pièges dans une vallée. Le valeureux Roland y

Roland à Roncevaux.

est attaqué; alors il tire sa bonne épée, sa Durandal, « qui si bien taille et tranche les Sarrasins. »

qui concerne l'endroit où se passa l'événement; mais lorsqu'il s'agit de l'indication précise du lieu, je m'en rapporte de préférence à la légende, qui se trompe rarement en ce point, à cause de son caractère local même.

Il faut voir comme il en fait carnage. Les morts s'entassent autour de lui...

Cependant, à bout de forces, il sonne de son olifant. Dans ces longues vallées, le son pénètre et

Le cirque de Gavarnie.

se prolonge. A trente lieues, l'écho le répète encore.

Charlemagne l'entend au fond des défilés. « On livre bataille à nos gens! s'écrie-t-il. Jamais Roland ne sonne qu'au cœur d'une bataille. » Et Roland continue à sonner; il fait de si grands efforts, que le sang jaillit de sa bouche et des veines de son front.

L'empereur donne le signal. Les Français ont tourné bride et chevauchent à grand train. Hélas ! à quoi bon ! Ils sont trop loin, ils n'y peuvent être à temps.

Roland, abandonné à lui-même et blessé, parcourt le champ de bataille, « dolent de la mort de tant de nobles hommes qu'il voyoit, puis s'en alla droict à la voye tirant après Charlemagne parmi le bois. Tant alla, qu'il vint jusqu'au pied de la montagne de Césarée. » Là il descend de cheval, n'ayant plus la force de se soutenir, et se couche sur le sol, le visage tourné vers l'Espagne. La *Chanson de Roland* est ici d'une grande beauté. Le héros épuisé tombe comme évanoui. Sa vue devient trouble ; il sent que la mort va le saisir. Il prend une dernière fois sa vaillante épée Durandal, et la regarde avec la tendresse d'un amant. Quel deuil de la laisser aux païens ! Il essaye de la briser ; sur la roche voisine il frappe dix coups ; mais l'acier grince et ne se rompt pas, et le roc se divise en deux parts. Alors il met encore l'olifant à ses lèvres, « et tant s'esforça de souffler, qu'il se rompit les nerfs et veines du col. » Son frère Baudouin l'entend et accourt. Roland, près d'expirer, demande à boire. Baudouin « en grand peine se mist d'en chercher ; mais trouver n'en peust, et quand il retourna à luy, il le trouva prenant mort. Il bé=

nist l'âme de luy; son cor, son cheval et son espée print, et s'en alla droict à l'ost de Charlemaigne... Ce jour mesme avant la bataille s'estoit le bon Roland confessé et receu le corps de Jésus-Christ, ainsi que de coutume estoit lors aux vaillants batailleurs. »

Je repassais dans mon esprit tous ces souvenirs; et c'était avec une émotion profonde que je foulais cette terre sacrée, illustrée par tant de héros, cette terre que chanta le poète de Reggio lorsqu'il en fit le théâtre de ses fictions. A de gigantesques exploits il fallait une scène gigantesque.

Mon guide m'arracha à mes méditations pour m'avertir qu'il était temps d'aller retrouver mon cheval. Je jetai un dernier regard sur le cirque de Gavarnie, emportant un souvenir ineffaçable de ces murailles qui touchent le ciel, de ces glaciers qui scintillent sur les gradins, de ces cascades floconneuses qui s'éparpillent comme de blanches crinières, de toutes ces magnificences enfin qui n'ont pas leur pareille au monde. Je parle sans emphase, car l'on chercherait en vain ailleurs un site semblable. Ni dans les Alpes suisses, ni dans les Alpes scandinaves, si fécondes en grandes scènes, je n'ai rien vu qui puisse rivaliser avec le cirque de Gavarnie. Ramon lui a comparé la paroi verticale et semi-circulaire de la Gemmi, dans le petit bassin de

Louëche en Valais; mais ce n'est là qu'une pâle miniature du Marboré, où l'on ne retrouve point cette superbe, cette majestueuse décoration de gradins, de cascades, de neiges éternelles.

Quand nous eûmes franchi l'arène, nous aperçûmes de loin le sapin où nous avions laissé le cheval: je cherchais celui-ci des yeux sans pouvoir le découvrir. Un moment je crus être le jouet d'une nouvelle illusion d'optique; mais en m'approchant je vis bien que, si le sapin était resté en place, le cheval avait jugé bon de prendre la clef des champs. Comme il arrive d'ordinaire en pareille circonstance, on rejette sur autrui la faute de l'accident. Mon guide, qui avait attaché la bête, essuya un feu roulant de récriminations : le pauvre homme, sans chercher à se disculper, partit comme un trait, se mit à courir à toutes jambes, et disparut enfin derrière un rocher qui s'avançait en promontoire, me laissant livré à mes perplexités. Au bout d'une demi-heure, je fus agréablement surpris de voir venir à moi d'un air triomphant un cavalier lancé à toute bride. Le brave homme avait retrouvé la bête égarée dans un pré, broutant l'herbe tendre en aimable compagnie de mulets qui paissaient en liberté. Je remontai en selle, et nous rentrâmes à Gavarnie.

Je ne quittai point le village sans me faire montrer l'église, où sont rangés sur une poutre les treize crânes poudreux des templiers qui furent décapités à Gavarnie en 1314, pendant que Jacques Molay et Guy mouraient à Paris sur les bûchers, par ordre de Philippe le Bel. Au cimetière, je vis la tombe de deux jeunes gens qui, le 26 août 1837, s'aventurèrent sans guide sur les hauteurs du Vignemale et y périrent de froid. Aujourd'hui ces victimes des hommes et des éléments sont ensevelies dans le même silence et dans le même oubli.

Je me remis en route pour gagner Luz le soir même. Je revis le *Chaos*, et rencontrai sur ce chemin solitaire une troupe d'Espagnols, au teint basané, à la chevelure noire et épaisse, sans doute des descendants des fameux miquelets de l'Aragon; ils portaient un costume original et pittoresque : un chapeau de feutre à large bord, gilet et veste de velours, sandales et culottes courtes, et certes ils n'eussent pas fait mauvaise mine dans *les Brigands* d'Offenbach. L'un d'eux, s'étant aperçu que je portais une gourde, s'avança vers moi, et, m'adressant la parole en bon castillan, me demanda à boire. Je lui offris ma gourde sans défiance. Seul et désarmé, que pouvais-je craindre de la loyauté espagnole? Quand mon hidalgo eut bu quelques gorgées, les autres regardant faire, je fus salué par la troupe du sacramentel : *Vaya Usted con Dios*, et chacun poursuivit son chemin.

Il y a des routes que l'on refait volontiers deux fois. La gorge de Gavarnie est un de ces lieux privilégiés. J'y trouvai des aspects nouveaux qui m'avaient échappé d'abord. Le matin j'avais parcouru ce défilé par un soleil splendide, et je le revis sous un ciel sombre et nuageux qui rehaussait encore la sauvagerie du site. Les nuages grandissaient en quelque sorte les rochers et en complétaient l'architecture.

L'air était chargé d'électricité, et lorsque j'arrivai au pas de l'Échelle, un violent coup de tonnerre éclata dans la montagne ; mon cheval, effrayé, fit un écart du côté de l'abîme et faillit s'y précipiter avec moi : je sentis mon sang se figer dans mes veines, et ce ne fut que longtemps après que je recouvrai l'usage de la respiration. Dès ce moment je pris la précaution de mettre pied à terre aux endroits périlleux, car je ne me souciais guère de suivre l'exemple de cet imprudent jeune homme qui, il y a quelques années, trouva la mort au pas de l'Échelle pour avoir voulu mettre là son cheval au galop.

Quatre heures après avoir quitté Gavarnie, je retrouvai ma favorite vallée de Luz : il fallait voir comme elle étalait gentiment, au soleil couchant, sa fraîche mosaïque de cultures diverses, de ruisseaux, de chalets, son vieux château en ruine de Sainte-Marie, et ses riants villages étagés dans l'ombre sur le penchant des monts.

Il était nuit quand je rentrai à Luz, brisé de fatigue, comme on a le droit de l'être après une course de plus de quatorze lieues.

CHAPITRE III

CAUTERETS, LE VAL DE JÉRET, LE LAC DE GAUBE

I

Les lacs des Pyrénées. — De Luz à Cauterets. — Aspect de la ville thermale. — Marguerite de Valois. — Cauterets au XVIᵉ siècle. — Le guide Bordère Berret. — Deux types de touristes.

Les lacs que l'on trouve à chaque pas dans les régions montagneuses de l'Europe, en Suisse, dans le Tyrol, en Écosse, en Norwège, ne se rencontrent guère dans les Pyrénées, à cause de l'absence complète de vallées longitudinales dans le système orographique de cette chaîne. Les vallées transversales procurent aux torrents provenus de la fonte des neiges un écoulement facile vers les plaines de l'Ebre et de la Garonne : point de bassins où les eaux séjournent en nappes immenses.

En revanche, les Pyrénées ont beaucoup de ces petits lacs de montagnes que les Écossais appellent *tarns*, et les Norwégiens *fjeldvand*, dénominations qui n'ont point d'équivalent dans la langue française. Ils sont situés non dans le fond des vallées, mais sur les flancs mêmes des montagnes, dans le creux des rochers, et presque toujours à une élévation très considérable.

Le lac de Gaube dort au pied du Vignemale, à une altitude de mille sept cent quatre-vingt-huit mètres au-dessus du niveau de l'Océan. Il ne saurait évidemment être comparé, sous le rapport de l'étendue, à ces grands lacs des Alpes que les Allemands désignent sous le nom de mers; mais ce qui lui a fait sa réputation, c'est la magnificence du site. Le lac de Gaube m'a paru digne d'être visité, même après le cirque de Gavarnie. D'ailleurs la route est si belle, si féconde en grandes scènes, que l'on ne peut négliger cette excursion si l'on veut faire une tournée complète dans les Hautes-Pyrénées.

Les touristes qui veulent gagner le lac de Gaube partent de Cauterets. Une chaîne de montagnes abruptes sépare la vallée de Cauterets de celle de Luz. Pour passer de l'une à l'autre, il faut franchir ces montagnes par le col d'Arrégiou; on peut aussi suivre la route de poste qui les tourne au nord en faisant un coude. J'aurais voulu choisir le chemin le moins frayé et le plus pittoresque ; mais malheureusement les sentiers, obstrués par les avalanches du printemps, étaient absolument impraticables, et force me fut de choisir la route de poste.

Une voiture fut attelée, et je partis à huit heures du matin. Le soleil se cachait encore derrière la montagne ; le froid était vif : je m'enveloppai le plus hermétiquement possible, car c'est chose peu avouable que d'avoir le nez gelé au mois de mai, dans un pays si voisin de la *flamboyante* Espagne.

J'eus bientôt perdu de vue le délicieux bassin de Luz. La première partie du trajet m'était connue ; mais ce défilé de Pierrefitte, dont j'ai essayé de donner le tableau précédemment, est si riche d'émotions vives, que l'habitude n'a pas de prise sur lui, selon l'expression de Ramond. Pour le bien connaître, il faut l'avoir contemplé comme lui sous tous les aspects, « le matin, le soir, à la lueur de la lune, à la clarté du jour, drapé de neige ou paré de verdure, battu de la tempête ou éclairé d'un soleil sans nuage. »

A partir de Pierrefitte, situé au point de jonction des routes de Luz et de Cauterets, nous nous dirigeons vers le sud en gravissant une pente très raide. Du haut de la côte, la vue est superbe : on domine toute la vallée d'Argelès, le beau pays du Lavedan, le roc que couronnent les ruines chancelantes du vieux manoir de Beaucens, et au-dessous de la route, à une énorme profondeur, le joli hameau de Pierrefitte, que contournent les flots écumeux du gave. Ce tableau est d'un pittoresque à faire pâmer d'aise les artistes paysagistes.

La route, frayée par la sape et la mine, s'engage définitivement dans la gorge et monte péniblement le long des flancs de la montagne en décrivant d'immenses lacets. La *côte du Limaçon* présente un étrange coup d'œil : la route, encadrée par une végétation luxuriante, se tord comme un serpent au bord du précipice où le gave bondit à travers des éboulements de roches calcaires dont les débris forment une sorte de chaos. On nous a montré, dans un noir ravin qui s'étend du Limaçon vers les hauteurs déchiquetées du Cabaliros, une forêt ténébreuse où les ours vont se réfugier pendant l'hiver. On ne chasse guère l'ours en cette saison. C'est pour lui le temps du sommeil, et on le laisse dormir et rêver dans ses cavernes profondes.

Plus loin on me fait remarquer vers la droite une montagne tout au sommet de laquelle se trouve une importante mine de plomb et d'argent exploitée depuis peu : on fait descendre le minerai le long de la montagne au moyen d'un système de cordes en fil de fer sur lesquelles glissent des poulies : sorte de chemin de fer aérien fort ingénieux.

La côte devient de plus en plus raide, et les chevaux avancent avec peine. Mais voici que la gorge s'élargit et nous ouvre un horizon plus vaste; une vallée moins sombre et moins sauvage succède au noir corridor que nous venons de parcourir. Là de vertes prairies, des champs cultivés, quelques cabanes se montrent le long du chemin; le gave, qui tantôt bondissait avec fracas dans les sinuosités des précipices, court maintenant paisiblement à travers la verdure. Déjà vers la droite apparaît le Mamelon-Vert, dont le nom rappelle un des plus fameux épisodes de la guerre de Crimée; en face, une montagne prodigieusement haute, le mont Péguère, se dresse comme les colonnes d'Hercule. Voici le Parc, avec ses beaux grands arbres, où viennent les malades et les rêveurs. Cauterets se découvre enfin au milieu de son petit bassin qui se montre à l'improviste.

Cette petite ville,—car Cauterets a les prétentions d'une ville,—avec ses rues bordées de trottoirs et de maisons à trois et quatre étages, cette petite ville donc est située dans une vallée solitaire, environnée d'épaisses forêts et de rochers arides. Autant la vallée de Luz est riante, autant celle de Cauterets est sombre, âpre et triste. Entourée de hautes montagnes qui l'enserrent de toutes parts, elle peut à peine recevoir la lumière du jour. La verdure n'a pas, comme à Luz, un aspect de gaieté; le vert foncé des forêts de sapins qui tapissent la montagne jette une teinte mélancolique sur toute la nature environnante.

Cauterets doit son nom (*vallis caldarens*, *Cauldrès*) à ses eaux thermales, connues dès les temps anciens. Une tradition veut que César soit venu se guérir à la source qui porte encore son nom. Si respectables que soient les traditions, je crois devoir ajouter qu'on ne trouve point la confirmation de ce fait dans les *Commentaires* du vainqueur des Gaules. Ce qui est plus certain, c'est qu'au xvi° siècle la vogue des bains de Cauterets était assez répandue en France pour y attirer la sœur de François I°'.

La princesse raconte elle-même dans une lettre le séjour qu'elle fit à Cauterets :

« Le premier jour de septembre, que les bains des Pyrénées commencent d'avoir de la vertu (on voit que la saison des eaux était bien plus tardive alors qu'aujourd'hui), plusieurs personnes, tant de France, d'Espagne, que d'ailleurs, se trouvèrent à ceux de Caulderès, les uns pour boire de l'eau, les autres pour s'y baigner, et les autres pour prendre de la boue, qui sont choses si merveilleuses, que les malades abandonnés de leurs médecins s'en retournent tout guéris. Mais, sur le temps de leur retour, vinrent des pluies si grandes, qu'il semblait que Dieu eût oublié la promesse qu'il avait faite à Noé de ne plus détruire le monde par eau ; car toutes les cabanes et logis dudit Caulderès furent si remplies d'eau, qu'il fut impossible d'y demeurer. Ceux qui étaient venus d'Espagne s'en retournèrent par les montagnes du mieux qu'il leur fut possible ; mais les Français, pensant s'en retourner à Tarbes, trouvèrent les petits ruisseaux si enflés, qu'à peine purent-ils les passer au gué. Mais quand il fallut passer le gave, qui en allant n'avait pas deux pieds de profondeur, il se trouva si grand, si impétueux, qu'il fallut se détourner pour aller chercher des ponts ; comme ces ponts n'étaient que de bois, ils furent emportés par la violence des eaux. Quelques-uns se mirent en devoir de rompre la véhémence du cours. Les uns traversèrent les montagnes, et, passant par l'Aragon, vinrent dans le comté de Roussillon, et de là à Narbonne ; les autres s'en allèrent droit à Barcelone, et passèrent par mer à Marseille et à Aigues-Mortes. D'autres, pour prendre une route détournée, s'enfoncèrent dans les bois et furent mangés par les ours. Quelques-uns vinrent dans des villages qui n'étaient habités que par des voleurs... L'abbé de Saint-Savin logea les dames et les demoiselles dans son appartement; il leur fournit de bons chevaux du Lavedan, de bonnes capes du Béarn, force vivres et escortes pour les mener sûrement par les montagnes, lesquelles passées plus à pied qu'à cheval, en grande sueur et travail, arrivèrent à Notre-Dame de Sarrance... »

Voilà ce qu'était, il y a trois siècles, un séjour dans les Pyrénées. De somptueux hôtels s'élèvent aujourd'hui sur les lieux mêmes où Marguerite de Valois, reine de Navarre, couchait sous des toits de planches.

Je descendis à l'*hôtel de Paris*, et fis chercher un guide qui voulût bien me conduire au lac de Gaube. Au bout d'un quart d'heure, je vis paraître un homme au visage bruni et à la tournure dégagée, appuyé sur le traditionnel bâton ferré. C'était le guide *Bordère Berret*. Il me promit de m'amener un cheval.

Entre temps, j'ouvre mon *Guide aux Pyrénées*. Le chapitre relatif au lac de Gaube débute ainsi : « Si vous êtes peintre, emportez la palette; si vous n'êtes que poète, partez sans déjeuner, car l'extase pourrait bien, si l'estomac ne venait revendiquer ses droits, vous retenir indéfiniment dans ces lieux tout empreints de la puissance et de la majesté de la nature. » L'avertissement n'est pas fait pour moi, vu que je n'ai pas même la prétention de *n'être que* poète.

Horace a dit :

Multa licent stultis, pictoribus atque poetis.

Après les peintres et les poètes, il n'y a donc plus que les sots qui puissent se permettre d'aller au lac de Gaube sans avoir déjeuné.

Chevaux de montagne.

Pour le coup déjeunons !

Me voici attablé avec deux gros Parisiens qui viennent de faire une excursion aux environs.

Cette excursion est naturellement le sujet de leur entretien, et ils ne font aucun mystère de se communiquer leurs impressions en ma présence. Ils ont été à cheval jusqu'au pont d'Espagne ; ce qui les a émerveillés le plus, ce sont leurs chevaux : ils n'en reviennent pas. L'un d'eux surtout est au comble de l'admiration.

« Si vous aviez vu, Monsieur, s'écrie-t-il, l'allure de ces animaux, avec quelle sûreté ils marchaient au bord des précipices et au milieu des rochers comme sur une route macadamisée ! Un chamois n'aurait pas eu plus d'adresse. Ils ne paraissaient seulement pas prendre attention aux abîmes qui nous faisaient frissonner. Jamais je n'ai vu de pareilles montures !

— C'est vraiment merveilleux, dit l'autre : nos chevaux de plaines ne sauraient jamais faire ce que font ces bêtes-là. On ferait bien exprès le voyage des Pyrénées pour admirer cela. C'est prodigieux, très prodigieux ! »

Et la conversation roule tout le temps sur ce sujet palpitant d'intérêt. De l'aspect du paysage et des incidents de l'excursion, pas un mot. Ils ne parlent de la cascade du Cérizet que pour dire que leurs chevaux n'en ont pas eu la moindre frayeur. En vérité, ces bons touristes n'ont vu que leurs chevaux ; après cela, ils s'en retourneront chez eux très satisfaits, et diront qu'ils ont vu les Pyrénées.

On vient m'avertir que le guide Berret m'attend à la porte; je saute en selle : en route pour le lac de Gaube !

II

Le val de Jéret. — La grotte de Maouhourat. — Les eaux minérales. — La cascade de Cérizet. — Le pas de l'Ours. — Une anecdote. — Aspect du paysage. — Pont d'Espagne. — Surpris par la pluie. — La hutte d'un artiste.

Une belle route en pente douce conduit aux bains de l'Araillère, à une demi-lieue de Cauterets. C'est là que les deux gaves de Lutour et de Gaube réunissent leurs eaux limpides, descendues par mille ressauts des sommets neigeux du Vignemale et du Péguère. Nous franchissons un rustique pont de bois jeté au-dessus du torrent, et, laissant à gauche le vallon de Lutour, qui mène aux lacs glacés d'Estom, nous prenons un sentier grimpant resserré entre les rochers et les précipices. C'est l'entrée du val de Jéret, long de trois lieues, qui aboutit d'un côté en Espagne, de l'autre en France.

C'est là, dans cette gorge sauvage assombrie par de noires forêts de sapins, que vivait autrefois le lynx, cet animal disparu des Pyrénées. Chaussenque rapporte qu'en 1777 encore on y aperçut une mère avec son petit, qui seul put être pris, et qu'on envoya au jardin des Plantes.

Le val de Jéret ne présente que ruines et bouleversements : partout on reconnaît les traces de ces violentes commotions terrestres qui ont apparu aux âges reculés comme des punitions divines. D'un côté, la gorge est bornée par les contreforts du Monné; de l'autre, par ceux du Vignemale. A notre gauche, le gave gronde à d'immenses profondeurs sans que nous puissions l'apercevoir : on dirait entendre la voix courroucée de l'esprit de la montagne. En de certains endroits, le chemin n'est qu'une rampe effroyable suspendue au-dessus des précipices et dominée par des rochers d'une hauteur prodigieuse. Je me tenais immobile en selle : un simple écart de ma monture, d'une race souvent ombrageuse, aurait suffi pour me faire rouler au fond du gouffre.

Nous fîmes une première station à la grotte du *Maouhourat* (mauvais trou), cavité naturelle d'où s'échappe une forte odeur sulfureuse : il y a là une source d'eau minérale qui sert de buvette gratuite. Mon guide m'apprit que pendant la belle saison cette source est assiégée du matin au soir par une foule de baigneurs plus ou moins malades, trop heureux de pouvoir se verser la santé gratis.

J'ai voulu goûter cette eau, que la Faculté de médecine recommande de boire à grande dose : elle avait furieusement le goût d'œufs gâtés, et il m'a paru qu'il faut avoir de la santé à revendre ou n'en avoir pas du tout pour pouvoir faire un usage prolongé d'une boisson aussi nauséabonde. Suivant M. Taine, « au temps de François I*er*, les Eaux-Bonnes guérissaient les blessures; elles s'appelaient *eaux d'arquebusades*; on y envoya les soldats blessés à Pavie. Aujourd'hui elles guérissent les maladies de gorge et de poitrine. Dans cent ans, elles guériront peut-être autre chose; chaque siècle la médecine fait un progrès. »

A peine avions-nous quitté le Maouhourat, qu'un bruit pareil au roulement lointain de l'orage vint frapper mes oreilles; au bout de dix minutes nous fûmes devant la cascade de Cérizet. Je laissai mon cheval aux mains de mon guide, et quittai un moment le sentier pour admirer de près la superbe cataracte.

Le torrent est encaissé entre deux parois de rochers à pic. Ses eaux bouillonnantes semblent pressées d'atteindre l'abîme : elles s'élèvent par bonds prodigieux au-dessus des énormes blocs éboulés qui encombrent son lit; elles rencontrent sur leur passage deux rochers contre lesquels le courant se brise et s'éparpille; mais bientôt le gave s'amasse, rassemble ses eaux, atteint enfin les bords du gouffre, et, par un bond vertigineux qui fait frémir, sa nappe immense s'engloutit dans un abîme où l'œil ne peut pénétrer, mais d'où s'élèvent des mugissements formidables. On sent le sol trembler sous ses pieds; les branches des sapins sont agitées par le violent courant d'air que produit la chute des eaux, et tout autour il semble que les rochers vacillent sur leur base. J'affirme qu'il n'est pas un être humain qui ne se sente atterré par ce terrible et sublime spectacle. Étourdi par le bruit, aveuglé par l'écume, fasciné par l'irrésistible attraction du gouffre, j'admirai, et j'eus hâte de fuir. Quand j'eus regagné le sentier, j'étais mouillé de la tête aux pieds par l'humide fumée de la cataracte. Mon guide me fit boire une bonne rasade d'eau-de-feu, et nous nous remîmes en route.

Nous venions à peine de quitter le Cérizet, que nous entendîmes de nouveau le roulement d'une cascade. C'était celle du Pas de l'Ours (en patois *Pès de Ros*). Cette chute n'a de remarquable que son beau cadre de sapins; l'eau, au lieu de bondir en colonne pesante, forme une chevelure d'écume en se fractionnant aux aspérités du roc. Un jour, disent les traditions du pays, un ours et un chien vinrent ici à la rencontre l'un de l'autre. Le sentier n'est pas bien spacieux, vu qu'il est tout juste assez large pour qu'un cheval y puisse poser son sabot ; nos deux voyageurs ne pouvaient le franchir en même temps. Or l'animal des forêts ne voulut point céder le *pas* au citadin, et l'on doit penser si celui-ci voulut se déranger pour la bête mal léchée.

Il fallait trancher la difficulté.

Les deux bêtes, après s'être longtemps regardées, voulurent passer toutes deux et roulèrent ensemble jusqu'au fond du précipice.

Depuis lors, on a appelé le sentier où se passa cette scène le *Pas de l'Ours*.

Se non è vero, è bene trovato !

Plus nous nous enfonçons dans les profondeurs de la gorge, plus les caractères spéciaux à cette singulière contrée s'accentuent. Il est impossible d'imaginer une nature plus âpre et plus magnifique. Ces montagnes déchiquetées, bouleversées ; ces énormes rochers, dont les croupes colossales et difformes se penchent les unes sur les autres entassées jusqu'aux nues ; ces crêtes couronnées de neiges, qui s'élancent en flèches ou s'arrondissent en coupoles; ces ravines déchirées, ces cascades frémissantes comme l'Océan, ces gouffres béants, ces cavernes profondes; ces abîmes, où les vents soufflent avec des bruits effrayants; toutes ces images de destruction qui se mêlent et se confondent dans un sombre et fantastique chaos, comme si la nature avait éprouvé là d'horribles convulsions : voilà un tableau aussi étrange que grandiose, qui étonne l'imagination, frappe et subjugue les sens, et apparaît à l'œil fasciné du spectateur comme la vision d'un monde tourmenté et inconnu. La superstition païenne aurait vu dans cette sublime création de l'Éternel le champ de bataille où les Titans engagèrent leur lutte gigantesque contre les puissances du ciel.

Le torrent bondit de ressaut en ressaut au fond de la ténébreuse prison qu'il s'est creusée lui-même. Les cascades se succèdent presque sans interruption. Nous venions de dépasser le saut du Boussès, lorsqu'un grondement sourd et prolongé, plus formidable encore que tous ceux que nous avions entendus, nous annonça l'approche du pont d'Espagne, où le gave de Gaube, venant du Vignemale, et celui de Marcadaou, venant d'Espagne, se rejoignent et se confondent. Trois sapins sont disposés en travers au-dessus de l'abîme, comme si le hasard les y avait fait tomber. Au-dessous de ce pont tremblant, les deux gaves réunis se frayent un passage entre deux rochers énormes; la rivière impétueuse sent tout à coup le terrain manquer sous ses flots, et se précipite par un étroit goulot dans un bassin de granit avec le fracas d'un coup de canon. Le bassin est très profond, et ses bords taillés à pic défient toute escalade. La chute est complètement perpendiculaire. Elle saute d'un seul jet, d'un seul élan; c'est une masse qu'on dirait presque solide, tant l'eau est ramassée en un volume restreint : on dirait d'énormes blocs de glace qui se brisent sur la pierre. Les vapeurs qui s'élèvent du fond de l'abîme jusqu'au sommet des rochers couvrent les mystères de l'union des deux gaves. Hier encore, ils étaient étendus en nappes blanches sur les sommets glacés du Vignemale; ils iront expirer demain au golfe de Gascogne, après un cours d'une trentaine de lieues.

Pendant que je contemplais ce pittoresque tableau, digne du crayon de Doré, le ciel s'était couvert de sombres nuages; des bruits sourds roulaient dans la gorge, et tout à coup de larges gouttes de pluie vinrent crépiter sur le sol. En face de l'adversité il faut savoir prendre son parti, et je crus que ce qu'il y avait de plus sage pour nous, c'était de retourner à Cauterets et de remettre au lendemain l'excursion du lac de Gaube : un lac doit manquer tout à fait de charmes sous les nuages et les ondées. En cette circonstance, mon guide agit en homme désintéressé. « Attendez, me dit-il, ce n'est qu'une pluie d'orage qui ne durera pas une demi-heure. Vous verrez le lac de Gaube, je vous le promets. — Le ciel est bien gris cependant, observai-je, et les brouillards se traînent jusqu'au fond de la vallée; cela me paraît vouloir durer longtemps. — Quand je vous dis que cela ne *veut* pas durer, répond Berret impatienté : je m'y connais, que diable ! »

Là-dessus le brave homme attache mon cheval à un arbre et me conduit à quelques pas du pont d'Espagne, dans une cabane abandonnée. Les murs de ce réduit se composent de troncs d'arbres dont les interstices sont calfeutrés au moyen de mousse; le toit est recouvert d'herbes sèches. C'est dans cette hutte de sauvages qu'une demoiselle eut le courage de demeurer toute seule pendant trois mois au milieu des ours et des tempêtes, pour s'exercer à la peinture du paysage. — Avis aux artistes !

Pour ma part, n'ayant guère de prétention artistique, je ne me plaisais que médiocrement à attendre dans cette hutte la fin de la pluie. Cependant mon habile montagnard a parlé comme un prophète : déjà le soleil déchire les nuages, dont les lambeaux pendent en draperies flottantes sur les cimes des montagnes; l'azur renaît dans le ciel, et une chaleur bienfaisante vient réchauffer nos membres engourdis.

Nous laissons le cheval au pont d'Espagne ; car nous allons aborder la région des neiges, où les chevaux n'ont guère l'habitude de s'aventurer.

Nous nous armons tous deux d'un grand bâton, et, après avoir allumé un cigare, nous nous remettons en route.

III

La dernière étape. — Apparition du lac de Gaube. — Une tombe. — Triste souvenir. — Le Vignemale. — Une rencontre. — A six heures du soir. — Retour à Cauterets.

Du pont d'Espagne au lac de Gaube, c'est une véritable ascension. Pendant une heure nous montons à travers les sapins. La pluie qui vient de tomber a rendu la neige détestable ; les creux sont remplis d'eau, et à chaque pas nous enfonçons jusqu'aux genoux.

Nous passons devant les débris d'une avalanche dont l'énorme masse forme une arcade au-dessus du gave. Plus loin, au pied d'un roc monstrueux, mon guide me fait remarquer une curiosité naturelle assez bizarre : c'est un entonnoir d'un mètre de diamètre taillé dans le rocher, aussi rond que s'il était sculpté par la main de l'homme.

Les arbres commencent à s'éclaircir : on sent bien que c'est ici la limite de la végétation; les pins deviennent maigres et chétifs. On n'entend plus le cri des oiseaux de proie : c'est déjà le silence et le calme profond des hautes régions. L'œil n'aperçoit que de vastes champs de neige où surgissent à chaque pas des rocs gigantesques qui se sont détachés des montagnes et ont roulé jusqu'au bas de leurs flancs abrupts. La voix de mon guide me rappelle seule, de temps à autre, que je ne suis pas isolé, perdu, dans ces affreux déserts de neige.

Nous montons toujours, et déjà nous apercevons au loin les trois pitons du Vignemale drapés d'un manteau de neige éblouissant. Nous gravissons un dernier escarpement, du haut duquel le lac se découvre.

Ce bassin désert, où la montagne épanche ses neiges et ses glaces, est encaissé dans un amphithéâtre de rochers dont les formes âpres et abruptes ont un caractère de sauvagerie indescriptible. Sur ses rives, tout fait silence. Le vent se tait, pas un oiseau ne chante, pas une feuille d'arbre ne tremble! L'air n'est sillonné par aucune aile au-dessus de cette onde stérile. Les bords du lac sont glacés sous le soleil de mai. L'eau, dans sa transparence glauque, réfléchit le paysage qui l'entoure; les sapins semblent y baigner leur cône de verdure, les rochers sombres y projettent l'ombre d'un écueil, et les nuages qui passent semblent ralentir leur course pour s'y mirer plus longtemps.

Sombre miroir, que tu es imposant dans ton calme éternel et ta solitude infinie! Il semble que jamais les vents déchaînés n'aient ridé ta face diaphane, que jamais l'orage et la tempête n'aient soulevé les mystérieux secrets que recèle ton impénétrable profondeur. Pourquoi tes reflets chatoyants ont-ils cet éclat étrange, presque fascinateur? Ne va-t-on pas voir surgir à la surface du liquide cristal quelque sirène perfide?

Ces forêts de pins, dont les branches, blanchies par la neige, rappellent l'austère nature norwégienne; cette nappe d'argent, qui ressemble à quelque miroir céleste enchâssé dans une bordure de neige; ces roches sombres et brunes qui ferment l'enceinte immense, ces grands casques de glace qui coiffent les cimes perdues dans les nues; cette cataracte enfin, qui bondit en écume blanche à l'autre extrémité du lac, et dont le bruit n'arrive pas même jusqu'à nous à travers le formidable silence qui pèse sur nos têtes: quelle mise en scène! quel théâtre pour la poésie! et que tout cela fait rêver l'âme! C'est la nuit, à la pâle clarté de la lune et des étoiles, qu'il faudrait contempler ce tableau sublime. A l'heure où les cimes glacées du Vignemale apparaissent dans les ténèbres comme de grands fantômes blancs, les montagnards ont vu plus d'une fois des fées et des génies sillonner le lac immobile sur de légères nacelles aux flancs d'azur, à la poupe couverte de lames d'or, faisant résonner de leurs chants merveilleux les échos de la montagne.

Tandis que j'errai au bord du lac, un petit monument de marbre, couvert d'une inscription, attira mes regards : une tombe, hélas ! Deux époux que l'hymen venait d'unir[1] ont trouvé ici la mort, loin de leur patrie, loin de leur famille, alors que la vie s'ouvrait devant eux séduisante et pleine d'avenir. Ils avaient quitté le ciel brumeux de l'Angleterre pour venir goûter à Cauterets, au milieu des splendeurs pyrénéennes, les douceurs de la lune de miel. Un jour, ils montèrent au lac. Cette surface immobile, avec ses reflets d'émeraude, les tenta. Ils détachèrent la nacelle amarrée au bord du lac, et s'aventurèrent seuls sur cette nappe perfide. « Parvenus à quelque distance du bord, dit un témoin oculaire[2], ils s'arrêtèrent, et le jeune

---

[1] William Pattisson, avocat à Londres, âgé de trente et un ans, et Sarah Frances, âgée de vingt-six ans.

[2] M. Achille Jubinal, ancien député des Hautes-Pyrénées.

homme voulut essayer de sonder; mais, comptant toucher la terre avec le bout de sa canne, il se baissa trop précipitamment. Le poids de sa tête et le manque d'obstacles déterminèrent la chute de son corps; il tomba dans les ondes et disparut.

« C'est au plus si ceux qui le regardaient virent quelques sillons se tracer momentanément sur cette flaque d'eau. Le lac engloutit sa victime et reprit son calme de mort.

« Cependant la jeune femme, qui, au premier moment, restait sans force et sans voix, l'œil ouvert sur cette eau qui se refermait, la jeune femme comprit subitement, en recouvrant toutes ses facultés, l'horreur de sa position : elle se mit à courir d'un bord à l'autre de la barque, tâchant de saisir le moindre mouvement sur les ondes; elle cria, elle appela, elle plongea ses bras tout autour de la nacelle, espérant sentir quelque chose... Vain espoir! le gouffre gardait sa proie!

« Alors une idée funeste lui traversa la tête comme un éclair; elle se redressa, jeta un dernier coup d'œil vers la terre et vers le ciel; puis, s'élançant dans le lac, elle disparut à son tour.

« Tout cela se passa rapide comme la pensée... Qu'on se figure l'émotion des spectateurs de cet horrible drame!...

« Trois heures après, le cadavre de cette pauvre

femme battait la grève. On ne retrouva celui du mari que vingt-deux jours plus tard. »

Par une étrange coïncidence, « à la même heure où ces deux infortunés se noyaient, le vieux batelier, dont l'absence causait leur mort, car il ne les aurait pas laissés monter seuls dans sa barque, expirait à Cauterets. »

Debout en face des lieux où s'était passée cette scène affreuse, et saisi peu à peu par les émotions de ce triste souvenir, il me semblait que la surface immobile de ce lac fatal n'était que la dalle polie d'un immense tombeau.

Je quittai la pierre funèbre dont la vue me glaçait le cœur, et j'allai m'asseoir sur un quartier de roche, au pied d'un sapin séculaire. De là je contemplai le gigantesque Vignemale, qui élève à plus de dix mille pieds la riche dentelure de roches et de glaces qui le couronnent. C'est la plus haute montagne de France après le mont Blanc. Pendant longtemps son sommet brillant est demeuré aux yeux des hommes comme ces astres que l'on admire d'en bas sans y atteindre.

Les hardis chasseurs qui poursuivent les isards sur ses flancs ne s'étaient jamais risqués à franchir ses glaciers. Stimulés par l'amour de la science, des naturalistes s'aventurèrent sur les neiges du géant; mais leurs tentatives demeurèrent infructueuses. Aucun d'eux n'avait pu encore parvenir jusqu'au sommet de Pique-Longue, le plus haut des pitons du Vignemale. Enfin, en 1830, deux femmes ouvrirent le chemin dans ces déserts glacés qui avaient fait reculer tant d'intrépides montagnards. Deux courageuses Anglaises eurent l'honneur de frapper le premier coup de pique sur la cime indomptée. Quelques jours après, le prince de la Moskowa, son frère et plusieurs guides firent cette ascension; ils ont eu bien des imitateurs, et aujourd'hui que le sentier est connu, il n'est pas de touriste qui ne veuille admirer sur le plus haut pic du Vignemale le magnifique panorama qui dédommage amplement des fatigues de l'ascension.

J'aurais été tenté d'humilier à mon tour, sous l'arrogance de mes souliers, ce front sublime; mais la neige accumulée en trop grande quantité sur les glaciers m'aurait empêché de satisfaire cette ambition. Je dus me contenter de contempler avec admiration cette belle montagne de mon poste, qu'elle dominait encore de plus de mille cinq cents mètres [1].

L'air pur des hautes régions nous avait aiguisé

---

[1] Le lac de Gaube, descendu des neiges éternelles du Vignemale, est situé à 1,788 mètres au-dessus du niveau de la mer. La hauteur du Vignemale est de 3,368 mètres.

l'appétit. Berret ouvrit le bissac et en tira des provisions. Après un repas qu'assaisonnèrent quelques histoires racontées par mon guide, je repris avec lui le chemin de Cauterets, un peu fatigué par tant d'émotions nouvelles, mais heureux de les avoir éprouvées.

Le seul incident qui marqua notre retour fut la rencontre inattendue de trois jeunes Anglaises, accompagnées d'un vieux guide : elles allaient au lac de Gaube, comme s'il s'était agi d'une simple promenade au lac de Hyde-Park. Je ne revenais pas de ma surprise en voyant ces charmantes et intrépides filles d'Albion, armées d'immenses bâtons ferrés, gravir les rochers et les neiges comme des pentes de gazon. J'admire beaucoup les Anglaises en voyage ; il n'est ni fatigues ni périls qui puissent les effrayer. C'est un plaisir pour elles d'affronter les dangers ; que ce soit le défaut de leur race, soit ; ce défaut est voisin du courage et de l'énergie qui font la femme forte.

Nous retrouvons au pont d'Espagne le cheval que nous y avions laissé. Trois chevaux, attachés à trois arbres différents, attendent philosophiquement le retour des Anglaises.

Après deux heures de descente, nous arrivons au point où le val de Jéret vient aboutir au val de Lutour.

« Que cela est beau ! » m'écriai-je. Et je crois

que, si je m'étais trouvé seul, je me serais agenouillé devant le tableau admirable qui s'offrait à mes yeux en ce moment.

Qu'on en juge. Il est six heures du soir. C'est l'heure où tout s'efface et s'idéalise. Les derniers rayons du soleil se jouent sur les pics, dont les bases sont depuis longtemps plongées dans l'ombre. Le pic de Cabaliros, le Monné, le Péguère, l'Hourmigas brillent dans les cieux comme des phares. A nos pieds la vallée, plongée dans une demi-obscurité, se développe avec toutes ses harmonies et toutes ses grâces champêtres ; tout au fond, le gave serpente et dessine un ruban d'écume aussi blanc que la neige ; une longue traînée de vapeurs transparentes flotte au-dessus du torrent. Là-bas, au loin, Cauterets se cache à demi derrière un voile de brouillards. Des troupeaux sont disséminés sur les pentes des montagnes ; la brise du soir nous apporte le son lointain de leurs clochettes, tandis que plus près de nous le dernier chant de l'oiseau expire sous les feuillages. Bientôt l'angélus promène dans l'air ses notes graves et mélancoliques, annonçant aux bergers que la nuit est proche et qu'il est temps de ramener les troupeaux. Et le pâtre se découvre, prie et jette son cri de rappel, pendant que les lueurs mourantes du crépuscule s'éteignent sur la cime glacée du Monné.

Il faut avoir contemplé de pareils tableaux pour en comprendre la douce et suave poésie. Ah! je ne m'étonne plus que le lieu natal soit cher au montagnard. Et si le sentiment religieux est si développé chez lui, c'est que le sublime spectacle de la nature le met en contact continuel avec Dieu.

Vers sept heures du soir, nous étions de retour à Cauterets. Je rentrai à l'*hôtel de Paris,* et je dois avouer que ce ne fut pas un des moindres plaisirs de la journée que d'y trouver un de ces dîners qui réconfortent, et un de ces lits moelleux qu'on apprécie si bien après une longue et pénible course.

CHAPITRE IV

UNE ASCENSION AU MONT PERDU

(PYRÉNÉES ESPAGNOLES)

Dans les premiers jours du mois de septembre 1872, je partis pour les Pyrénées. Il y avait longtemps que je mourais d'envie de revoir ces chères montagnes. Je venais de parcourir les glaciers des Alpes, les fjords de la Norwège, les lacs de l'Écosse ; mais je ne sais quel secret désir me ramenait sans cesse aux Pyrénées, que j'avais vues quand je n'avais pas vingt ans. C'est un fait inhérent à la nature humaine, que les premières impressions sont celles qui laissent en nous les traces les plus profondes et les plus durables.

Mon principal but était l'ascension d'une des plus célèbres montagnes de la chaîne. Une ascension ! « Sotte *fanfaronnade !* dira-t-on ; on ne va au sommet des montagnes que pour faire étalage de bravoure et d'audace. » Un instant! il ne s'agit que de s'entendre. Je suis tout le premier à condamner ceux qui entreprennent de pareilles expéditions sans autre but que de s'en vanter au retour, et s'exposent à mille dangers uniquement pour satisfaire une vaine gloriole de touriste. Mais l'ami da la nature qui sait jouir de ses beautés, en apprécier les splendeurs et les harmonies, trouve un bonheur ineffable à s'élever dans les hautes régions. Quelle jouissance vivifiante de respirer un air pur et subtil que ne vicient point les émanations des plaines!

C'est une vérité incontestable que les courses des montagnes fortifient l'âme autant que le corps : les sentiments s'épurent comme l'air des hauteurs, les idées grandissent à mesure que l'on s'élève vers les régions de la sérénité. L'homme y conquiert en quelque sorte un monde nouveau, en découvre les charmes inconnus, voit de plus près le ciel et l'infini. Un sentiment intérieur explique cette fascination qui nous attire vers les cimes élevées, et nous fait dire involontairement à leur aspect : « J'irai là! » L'homme ne se sait-il pas le roi de la création? N'éprouve-t-il pas une secrète jouissance à régner sur tout?

I

La route de Gavarnie détruite par l'orage. — Rencontre d'une vieille connaissance. — Pourquoi je revenais à Gavarnie. — Le mont Perdu et son histoire. — Comment on va au mont Perdu. — Le guide Henri Passet. — Préparatifs de l'expédition.

Après avoir visité Saint-Sébastien, Fontarabie, Irun, Bayonne, Pau, je revis, avec le même plaisir qu'on éprouve à retrouver d'anciennes connaissances, la vallée d'Argelès, la gorge de Cauterets, le val de Jéret, le lac de Gaube, la gorge de Pierrefitte et la vallée de Luz.

Le 12 septembre, je me mis en route pour Gavarnie, monté sur un excellent cheval des Pyrénées et accompagné d'un guide. Ce magnifique défilé qui s'étend de Saint-Sauveur à Gavarnie sur un espace de plus de cinq lieues présentait un aspect bien différent de celui où je le vis en 1868. Un récent orage l'avait affreusement dévasté. Le torrent qui l'arrose avait porté de terribles ravages partout où ses eaux furieuses avaient rencontré quelque résistance. Des rochers vieux comme le monde avaient été minés par leur base et renversés ; des morceaux de montagnes avaient été arrachés et précipités dans le lit du torrent ; des avalanches de pierres et de débris s'étendaient en mille endroits sur les deux versants ; les ponts avaient été emportés par l'eau ; les éboulements avaient détruit la route sur le quart de son parcours. Des nuées d'ouvriers, presque tous espagnols, travaillaient à réparer les dégâts, qui s'élevaient à plus de cent mille francs. De mémoire d'homme on n'avait vu dans le pays de pareil désastre.

Vingt fois je dus mettre pied à terre, confiant ma monture à mon guide et escaladant les montagnes de débris qui encombraient la route. Vingt fois il fallut traverser le torrent sur des troncs d'arbres jetés en travers en guise de pont.

A mi-chemin de Gavarnie, je rencontrai le guide Dominique Fortanné, qui m'accompagna naguère au sommet du pic du Midi. J'avais si bien conservé le souvenir de ses traits caractéristiques, que plus de quatre ans après je le reconnus à première vue et l'appelai par son nom. Le brave homme n'avait pas la mémoire si longue : il ne se souvenait pas plus de moi que s'il ne m'avait jamais vu.

J'arrivai à Gavarnie vers huit heures du soir, à la faveur d'un beau clair de lune. L'appétit aiguisé par six heures de route, je dînai à l'auberge avec quelques Anglais ; ils venaient d'exécuter l'ascension de la Maladetta, qui dispute au mont Perdu l'honneur d'être la plus haute montagne des Pyrénées. Leur teint couleur homard ne me laissait aucun doute à cet égard : quand un homme est rougi à ce point, on peut hardiment conclure qu'il vient des neiges perpétuelles, dont la réfraction a la propriété de griller la peau du visage comme une lentille de flint-glass.

Gavarnie et son célèbre cirque naturel, qu'on vient voir même de l'Amérique, m'étaient connus depuis longtemps. Le but de mon voyage dans cette localité était, cette fois, l'exploration des énormes montagnes qui dominent le cirque et forment le groupe si intéressant du *Marboré*. Je voulais dominer d'en haut, et du sommet même du mont Perdu, la partie la plus colossale et la plus extraordinaire de la chaîne des Pyrénées, que la plupart des touristes se contentent de contempler du fond des vallées.

« Région à part, dit M. Schrader, étrange et grandiose entre toutes, ce massif mérite d'être visité jusque dans ses recoins les plus éloignés ; malheureusement les chemins y sont rares, les sentiers même y font défaut ; les abris qu'on peut y trouver sont précaires et dépourvus de ressources. Une voie carrossable pénètre pourtant jusqu'au milieu des contreforts de Gavarnie, et c'est grâce à elle que l'excursion du cirque est devenue obligatoire pour les baigneurs de Barèges, de Saint-Sauveur et de Cauterets. La plupart en rapportent l'impression vague d'une grandeur et d'une sublimité formidables, mais, s'arrêtant au seuil, ne cherchent pas à pénétrer plus avant dans l'intimité de cette puissante nature. Quant à ceux qui, comme nous, ont essayé de connaître en détail cette chaîne superbe, ils éprouvent pour elle une passion profonde. Soulevées en grande partie au commencement de l'époque tertiaire, c'est précisément aux formations géologiques les plus voisines de cette époque que les Pyrénées doivent, par un singulier hasard, leurs vallées les plus grandioses, leurs vastes cirques, et leur cime la plus originale, le mont Perdu[1]. »

Le *mont Perdu* est situé sur le territoire espagnol, en Aragon, au sud de l'axe de la chaîne. Cette montagne se relie par le *Cylindre* au *Marboré*, dont elle constitue le dernier échelon. Son altitude est de trois mille trois cent cinquante et un mètres

---

[1] *Annuaire du Club alpin français*, 1re année (1874). *Le Massif du mont Perdu*, par F. Schrader.

au-dessus du niveau de la mer ; elle est inférieure de quelques mètres seulement à celle de la Maladetta. Sur quelque sommet des Pyrénées que l'on s'élève, le regard se heurte contre cette majestueuse montagne. Du haut du pic du Midi, par exemple, son étincelante couronne de glaces se dresse au-dessus des monts qui l'environnent et les écrase de sa prodigieuse élévation. Mais ,e géant se dérobe au regard dès qu'on descend des sommets : de la vallée de Gavarnie même il est impossible de l'apercevoir, parce que la montagne se cache derrière les grandissimes murailles du Marboré, qui l'entourent comme une inexpugnable ceinture de granit.

Longtemps le mont Perdu fut réputé inaccessible. Mais un jour un savant dont le nom, comme celui des Saussure, des Humboldt, des Chaussenque, impose le respect et l'admiration, l'illustre géologue Ramond, le premier explorateur des Pyrénées, résolut d'entreprendre ce que jamais montagnard n'avait osé jusqu'alors. A l'en croire, le chemin du mont Perdu n'était pas facile à trouver. « De tous les embarras, dit-il dans un langage piquant et pittoresque, le plus grand et le moins prévu était de savoir précisément où trouver le mont Perdu... Où était le passage, et par où fallait-il l'aborder ? Voilà des questions auxquelles personne n'était en état de répondre... La montagne se cache derrière des remparts de l'aspect le plus repoussant et s'entoure de déserts imparfaitement connus des bergers même... Si je consultais ceux-ci, j'ouvrais la carrière à toutes les jactances de l'amour-propre et à tous les contes de la crédulité. Le mont Perdu? il n'y avait enfant qui ne le sût par cœur, sans qu'on fût pour cela plus d'accord sur les choses que sur les noms. L'un le plaçait en France, l'autre en Espagne. Tel l'avait vu en passant la brèche du Taillon, mais à son compte il y avait deux ou trois monts Perdus. Tel autre le traitait si familièrement, que dans sa jeunesse il y avait mené paître les moutons; tandis qu'on m'assurait ailleurs que le plus hardi chasseur du pays n'en avait atteint la cime qu'à l'aide du diable, qui l'y avait conduit par dix-sept degrés. Il était clair que personne ne connaissait le mont Perdu, et que jamais, depuis qu'on nomme des montagnes, il n'y en eut une aussi bien nommée [1]. »

Plongé dans ces perplexités par des gens qui savaient tout, Ramond en sortit en ne prenant avis que de lui seul. Il fit deux voyages infructueux, le 11 août et le 7 septembre 1797, voyages dont il

---

[1] *Voyages au mont Perdu,* par L. Ramond, du Corps législatif et de l'Institut national, professeur aux écoles centrales, membre de plusieurs écoles savantes. Paris, an IX (1801).

nous a laissé l'intéressante relation dans l'ouvrage que je viens de citer. Stimulé par le puissant aiguillon de la science, il revint à la charge le 2 août 1802, et, plus heureux cette fois, eut la gloire de fouler le premier la cime vierge.

Ramond gravit le mont Perdu par la vallée d'Espagne. Cette route n'est plus guère fréquentée. Aujourd'hui l'ascension, ou plutôt l'escalade, se fait d'ordinaire par le versant méridional. On part de Gavarnie, on traverse le cirque, on entre en Espagne par la *brèche de Roland,* et l'on passe la nuit à la cabane de *Gaulis,* située au pied du cône. Le lendemain on gravit le cône, et on redescend à Gavarnie soit par l'Astazou, soit par la brèche de Roland. Pour ma part, je voulais, si possible, faire la course en un jour, n'étant guère disposé à coucher dans les hautes régions en une saison aussi avancée.

Le meilleur guide des Pyrénées est Henri Passet. C'est un des hommes les plus lestes et les plus aventureux du pays. On le prendrait volontiers pour un descendant de ce brave Rondo, qui conduisit Ramond au mont Perdu. De lui aussi on peut dire que les mauvais pas du Marboré sont ses grands chemins. D'ailleurs, il ne se borne pas, comme les autres guides des montagnes, à des excursions locales. Il connaît tous les sommets célèbres compris entre Bayonne et Perpignan ; il a parcouru l'Espagne en tous sens ; il a exploré même les montagnes si peu connues de la Sierra-Nevada, qui s'étend au nord de Grenade. C'est à cet homme sûr et expérimenté que je voulus me confier pour entreprendre la difficile et dangereuse ascension que je projetais [1].

Je me rendis à sa demeure à neuf heures du soir, mais on me dit qu'il travaillait en ce moment à son champ. Pendant qu'on l'allait chercher, je pris plaisir à considérer le modeste intérieur où se trouvait réunie sa famille. Un grand feu de bois flambait gaiement dans l'âtre, et jetait des lueurs fugitives sur de vieux meubles aussi primitifs que pittoresques. Bientôt je vis paraître un solide gaillard d'une trentaine d'années, aux jambes nerveuses, aux épaules carrées, à la physionomie vaillante et décidée. « Henri Passet, je pense ? — Votre serviteur. — Voulez-vous m'accompagner

---

[1] Henri Passet a le talent de se faire louer de tous les voyageurs qui ont la chance de le rencontrer. M. Lequeutre lui consacre l'éloge suivant : « Henri Passet est un guide de premier ordre, jeune, fort, aussi prudent qu'intrépide, connaissant les Pyrénées. » (*Sept jours d'excursions pédestres autour de Gavarnie.*) — « Les meilleurs guides de glaciers dans toutes les Pyrénées, dit M. Russel-Killough, sont les Passet, de Gavarnie. » (*Annuaire du Club alpin français*, 1874. *Les Pyrénées.*)

demain au mont Perdu ? — Comme Monsieur désire. — L'ascension peut-elle se faire en un jour ? — Oh! pour cette course-là, je vous réponds bien qu'on y met toujours deux journées toutes pleines ; mais enfin, si Monsieur ne craint pas dix-huit heures de marche, je crois qu'en se levant de bonne heure il lui serait peut-être possible de rentrer à Gavarnie le même jour. C'est un tour de force à tenter, bien que personne ne l'ait encore fait. Ce plan serait à conseiller à Monsieur, car on ne va guère au mont Perdu au mois de septembre : en cette saison je vous jure qu'il ne fait pas bon là-haut pour coucher à la belle étoile, comme on dit. — Dans ce cas, à quelle heure nous faudrait-il partir ? — Pas plus tard que trois heures et demie du matin. Songez-y donc : dix-huit heures de marche, si tout va bien ! » Il y avait, en effet, lieu d'y penser à deux fois. Néanmoins, après une courte réflexion, je m'écriai: « Va pour trois heures et demie du matin ! »

L'ascension du mont Perdu, comme celle du mont Blanc, se fait toujours avec plusieurs guides. Henri Passet dérogeait à la coutume en se chargeant de me conduire à lui seul au haut de la montagne. Mais il était trop entreprenant pour concevoir le moindre doute sur l'issue de l'entreprise.

Je rentrai à l'auberge, et fis préparer les provisions ; malheureusement on ne trouva plus à la cave que du lard et des œufs, à peine de quoi ne pas mourir de faim au mont Perdu. Je me mis au lit vers onze heures du soir, et j'avais à peine eu le temps de rêver *monts et merveilles,* qu'on vint m'éveiller à l'heure dite. J'avalai avec mon guide une tasse de café noir, chaussai mes bottes de montagne, et m'armai, non pas de ma bonne lame de Tolède, mais d'un solide bâton ferré. Mon guide chargea sur ses robustes épaules le sac aux provisions, une couverture, en cas qu'il faudrait passer la nuit sur les hauteurs, les crampons, la hache, en un mot, tout le matériel usité dans une ascension hérissée de difficultés.

II

Les bandits et leurs exploits. — Le Marboré. — Bain forcé. — Premières pentes. — Lever du soleil. — Escalade. — Le cirque de Gavarnie vu d'en haut. — Champs de neige. — Un aigle. — Un bouquetin. — Éboulis. — Un glacier. — Saut périlleux. — La Brèche de Roland. — Panorama. — Étrange colloque.

A demi éveillés, nous nous mîmes en route à quatre heures précises. Suivant le conseil de mon guide, j'avais laissé mon argent à l'hôtel et n'emportais avec moi qu'une somme modique; car nous allions en Espagne, et dans les environs du mont Perdu il n'est pas rare de rencontrer des bandits qui détroussent les voyageurs. Henri Passet a eu plus d'une fois à se mesurer avec ces mauvais drôles. Le 11 juin 1870, se trouvant en compagnie du comte Russell-Killough, ascensionniste bien connu dans les Pyrénées, il fut attaqué à

Cotiella, se défendit vaillamment et reçut maints coups de couteau dont il porte encore les traces. M. Russell en fut quitte pour se voir enlever sa bourse [1].

La matinée était fraîche : aussi marchions-nous à grands pas. Des milliers d'étoiles brillaient au-dessus de nos têtes. Grâce à la clarté de la nuit, on distinguait au loin les colossales murailles du cirque de Gavarnie, vers lequel nous nous dirigions. Les gradins chargés de neige brillaient comme de grands suaires blancs, et le bruit monotone des dix-sept cascades qui s'élancent des parois jusqu'au fond du cirque ressemblait, à s'y méprendre, au frémissement des feuilles que le vent agite dans les forêts.

Au bout d'une heure de marche, au moment où

---

[1] C'est probablement à cet accident que M. Russel fait allusion dans les lignes suivantes de son intéressant article sur les Pyrénées, publié dans l'*Annuaire du Club alpin*, 1re année (1874) : « Les Pyrénées sont pleines de cabanes de bergers, généralement plus grandes et mieux construites en Espagne qu'en France; mais les meilleures ne valent rien; c'est une bien pauvre ressource, et souvent j'ai couché à côté. Elles sont très basses, dégoûtantes, pleines de rats, et les bergers y sont tassés comme des sardines. Ajoutons qu'en Espagne les bergers sont parfois des bandits; car les brigands aragonais qui nous lancèrent une balle il y a quatre ans et menacèrent mon camarade, M. Lequeutre, de leurs poignards, par une belle nuit d'été, étaient presque tous bergers. Il ne faut pas s'y fier. »

les ombres lunaires commençaient à pâlir devant la lumière d'Orient, nous arrivâmes à la cantine qui occupe l'entrée du cirque. C'est en cet endroit que l'émotion causée par la vue de la merveilleuse enceinte arracha à milord Bute sa magnifique exclamation devenue célèbre.

Le pont du gave ayant été emporté par l'orage, nous dûmes passer le torrent à gué; en posant le pied sur une pierre mal fixée, je glissai, trébuchai, et pris un bain forcé dans l'eau glaciale.

Nous nous dirigeâmes vers la paroi occidentale du cirque; nous cherchions à atteindre de ce côté la Brèche de Roland, par laquelle nous devions passer en Espagne, puis longer le Casque, les tours du Marboré, le Cylindre, et gagner enfin la base du mont Perdu.

Il pouvait être six heures du matin quand nous commençâmes à gravir les rochers escarpés qui s'élèvent à droite de l'enceinte semi-circulaire, en face de la plus grande cascade. Il nous fallut suivre pendant trois quarts d'heure une espèce de ravin creusé dans un schiste calcaire, et dont l'inclinaison est presque verticale. Heureusement la disposition des couches rendait l'escalade praticable : les aspérités du roc formaient une sorte d'échelle.

Le soleil venait de se lever. Bien qu'il n'éclairât

pas encore l'hémicycle, les gradins supérieurs se baignaient déjà dans cette magnifique lumière rose glacée de reflets d'argent, que les poètes mêmes ne peuvent décrire. La demi-obscurité qui régnait encore dans le fond de l'enceinte formait un contraste frappant avec les brillantes couleurs des hautes régions.

Bientôt toute trace de sentier disparut, et nous arrivâmes en face d'une muraille qui, à première vue, me paraissait tout à fait inaccessible. Il fallut l'escalader en s'aidant des pieds et des mains, en se hissant de saillie en saillie, et en grimpant à la manière des chats sauvages. Mon guide frayait le chemin en détachant les fragments de rocher peu adhérents, qu'il précipitait dans l'abîme. Nous nous accrochions aux moindres aspérités, appuyant contre le roc toutes les parties du corps. Un faux pas, et nous étions infailliblement lancés dans le Cirque avec la même rapidité que les pierres que nous y faisions tomber. J'avais beau réprimer la crainte : rien qu'à l'idée de ce gouffre béant au-dessus duquel j'étais suspendu, mon cœur battait plus vite qu'au moment où j'écris ces lignes. On conçoit que la possibilité d'un bond de cinq à six cents mètres n'est pas une perspective rassurante. Quand nous eûmes vaincu cette difficulté, Henri me confia que les neuf dixièmes des touristes s'arrêtent au point que nous venions de dépasser. Libre à eux ensuite de se vanter d'avoir été au mont Perdu.

Nous atteignîmes bientôt de larges pentes herbeuses nommées Ets-Sarradets. Ces pentes sont fort glissantes; mais nos souliers étaient si bien armés de clous, que nous nous y maintenions sans peine à l'aide du bâton ferré.

Ce ne fut que vers sept heures que le soleil commença à darder ses rayons sur nos têtes; il fut pour nous le bienvenu, car la matinée était fraîche, et une bise piquante venue en droite ligne des sommets glacés du Marboré nous fouettait le visage. Nous fîmes une halte de quelques minutes au pied d'un rocher qui nous abritait contre les rafales. De là le regard plongeait dans l'admirable amphithéâtre qui s'ouvrait devant nous dans toute son immensité. Ce prodigieux hémicycle, qui a presque une lieue de pourtour, semble grandir encore à mesure que l'on s'élève. Comme l'a observé M. Jubinal, ses murailles, qui du sol perdent la moitié de leur hauteur, parce qu'on les mesure naturellement sur l'échelle des monts supérieurs, semblent d'en haut être hérissées sur elles-mêmes. L'arène, se déployant tout entière, offre un immense circuit, deux fois plus étendu que son premier diamètre.

Nous étions arrivés à la hauteur du glacier de

la Frazona, d'où s'échappe la plus haute chute du monde connue[1]. Je ne pouvais détacher mes yeux de cette merveilleuse cascade, qui, en face de nous et à un quart de lieue de distance, s'élançait d'un seul jet dans l'abîme, se brisait contre les rochers aux deux tiers de sa course, se résolvait en poussière blanche, et allait mourir enfin au pied du Marboré, pour s'élever de nouveau vers le ciel en légers nuages flottants.

Il fallut s'arracher à ce beau spectacle pour atteindre, par la force du jarret, la Brèche de Roland, que nous apercevions déjà à quelque cent mètres au-dessus de nos têtes. Nous dûmes nous frayer un passage à travers de grands champs de neige où nous enfoncions à chaque pas. Nous suivions un profond ravin compris entre la Brèche à gauche et le pic Saint-Bertrand à droite. En cet endroit les neiges étaient accumulées par tas énormes, par suite des avalanches qui descendent fréquemment des deux versants. En face de nous se dressait la cime abrupte du Taillon, une des plus hautes montagnes des Pyrénées.

Nous avions atteint la région des aigles. Nous vîmes un de ces nobles oiseaux planer au-dessus

---

[1] La cascade de Kœlfoss, en Norwège, est beaucoup plus élevée; mais ce n'est qu'un mince filet d'eau.

de nos têtes en décrivant dans l'air des orbes immenses; il était assez près de nous pour nous laisser distinguer tous les détails de sa royale personne : ses larges ailes rousses étendues, ses serres contractées sous la poitrine, son mouvement de tête scrutateur de droite à gauche pour épier quelque proie. Tantôt il fendait la nue à grands battements d'ailes, tantôt il se jouait dans les vagues de l'air en jetant des cris aigus et perçants. Nous le vîmes s'éloigner, et il alla se percher sur un roc isolé, d'où il semblait contempler ses vastes domaines. Il se tint pendant quelque temps immobile comme l'oiseau sacré du désert; puis, reprenant son essor, il se remit à planer majestueusement à une grande hauteur, se fondit bientôt comme un point dans l'espace et disparut à nos yeux.

Plus loin mon guide me signala, sur les pentes escarpées du pic Saint-Bertrand, un bouquetin, reconnaissable aux cornes énormes dont la nature a pourvu cet animal : il nous avait sans doute aperçus, car il fuyait, avec une légèreté extraordinaire, dans la direction du Taillon. Il est très rare de rencontrer un de ces animaux isolé : ils errent ordinairement par petites bandes, dans le voisinage des glaciers et des neiges perpétuelles. Le bouquetin a d'ailleurs presque disparu des Pyrénées, par suite de la guerre à outrance que lui ont faite les chasseurs[1].

Après les champs de neige vinrent les éboulis, provenant des débris du pan de muraille dont la chute a pratiqué cette large ouverture à laquelle l'imagination populaire a donné le nom de Brèche de Roland. C'est une pierre calcaire noire, qui renferme quantité de dépouilles d'animaux marins. Au reste, nulle part les coquilles fossiles ne sont aussi nombreuses que dans les régions qui avoisinent la Brèche. Il nous fallut grimper à travers ces myriades de pierres, qui à chaque pas se dérobaient sous nos pieds. A mon grand amusement, je vis mon guide trébucher deux fois sous mes yeux et glisser quelques mètres plus bas avec un cortège de menus débris. Ces éboulis rendent la marche fort désagréable par suite de leurs cassures tranchantes.

Un large et imposant glacier nous séparait encore de la Brèche de Roland. Le rocher fendu en deux se dressait au-dessus de nos têtes, gigantesque et effrayant. Encore un dernier effort, et nous allions franchir la frontière de France et d'Espagne. Nous attaquâmes résolument le glacier.

---

[1] Déjà, du temps de Ramond, le bouquetin était devenu si rare, que les chasseurs ne le connaissaient presque plus.

S'il eût été à découvert, il nous eût été impossible de le prendre de front, tant son inclinaison est forte : en ce cas, il n'y a d'autre ressource que de se tailler des degrés dans la glace au moyen de la hache. Par bonheur, la glace se cachait sous une couche de neige de plusieurs pieds d'épaisseur et bien adhérente, ce qui nous facilita grandement l'ascension et nous fit gagner du temps. La neige s'affaissait légèrement sous nos pieds, et je n'avais qu'à suivre les empreintes tracées par mon guide. Nous n'avions pas à redouter que cette neige se détachât en masse, parce qu'à cette élévation la gelée lui donne presque la solidité de la glace. En moins de vingt minutes, nous eûmes atteint l'extrémité de ce glacier, dont la traversée coûta tant de peines à MM. Pasquier et de Mirbel, lors de l'ascension que ces élèves de Ramond firent à la Brèche de Roland en 1797.

Entre le glacier et la Brèche s'ouvrait une large crevasse produite par la réflexion du soleil contre le roc : nous eussions pu l'éviter en faisant un grand détour; mais, comme notre temps était compté, Henri fut d'avis qu'il fallait exécuter le saut périlleux. Il se débarrassa de son havresac, qu'il lança de l'autre côté de la crevasse; puis il prit son élan, franchit l'abîme avec l'habileté d'un chamois, et alla retomber sur ses deux pieds à quelques pouces du gouffre. Ensuite il sortit une corde du havresac, m'en lança un des bouts, que j'enroulai solidement autour des reins, tandis qu'il tenait l'autre bout. A mon tour je pris mon élan, volai dans le vide, et allai m'étendre gracieusement par terre sur la neige glissante de l'autre bord.

Cette dernière difficulté vaincue, nous sentîmes un courant d'air nous arriver d'un immense couloir : c'étaient les émanations des Espagnes qui nous venaient par bouffées. Ce couloir, c'était la Brèche de Roland. Il n'était encore que huit heures du matin, ce qui prouvait que nous avions vaillamment marché : on compte cinq heures de marche de Gavarnie à la Brèche, et nous avions fourni cette étape en quatre heures. L'escalade de la Brèche est au nombre des grandes ascensions des Pyrénées, et cependant nous avions à peine commencé notre tâche : de ce point à la cime du mont Perdu, le trajet était à peu près deux fois plus considérable que celui que nous venions de parcourir. Il n'est donc pas étonnant que l'on consacre habituellement deux jours entiers à une excursion d'aussi longue haleine.

Rien d'imposant comme l'aspect de la Brèche de Roland. Naguère je la vis du sommet du pic du Midi, à dix lieues de distance. Maintenant il m'était donné de la contempler de près et d'en mesurer les colossales dimensions. Nous sommes ici au sommet des Pyrénées, à près de trois mille mètres de hauteur, sur la ligne de faîte qui sépare la France de l'Espagne. Une muraille taillée à pic, et où une main inconnue semble avoir appliqué l'équerre, se dresse entre les deux peuples, inexpugnable, vieille comme les Pyrénées, longue d'un quart de lieue, haute de cent mètres. Une fente énorme, coupée à angle droit, scinde le mur en deux parties : c'est cette fente, dit la légende, que le neveu de Charlemagne, se sentant près de mourir, pratiqua dans le roc de sa vaillante épée Durandal. La brèche est large de cent pieds, profonde de trois cents.

Tout cela est d'un aspect saisissant.

Le rocher de droite est affreusement crevassé; il surplombe d'une manière effrayante, et le jour n'est peut-être pas éloigné où, succombant sous l'action du temps, ce gigantesque monolithe s'affaissera sur lui-même, comme il est arrivé au pan du mur dont la chute a formé la Brèche.

La verdure s'arrête ici. Ce roc, que la nature a jeté entre deux peuples, semble transi du froid des contrées polaires. L'affreuse stérilité de la Sibérie sépare les plaines fertiles de l'Èbre et de la Garonne.

Du haut de la Brèche de Roland la vue est

vraiment belle : l'œil plane à la fois sur les montagnes de France et d'Espagne. Le panorama est plus étendu vers le sud que vers le nord. Au premier plan s'ouvre, comme un large précipice, la vallée d'Arrasses, au fond de laquelle roule un torrent qui semble n'être qu'un ruisseau imperceptible : c'est la Cinca, née du mont Perdu, un des affluents de l'Èbre. Cette vallée, bien que située en Espagne, n'a rien qui rappelle la terre des palmiers et des orangers; triste et morne, elle n'est guère hantée que par les isards et les contrebandiers. Un oiseau de proie qui tournoyait dans l'air ajoutait à l'imprévu du tableau. Parmi les innombrables montagnes de l'Aragon, mon guide me fit remarquer le pic Rouge et un groupe de montagnes connu sous le nom de monts Reppos. Aux dernières limites de l'horizon, et au delà d'un océan de cimes, nous distinguions vaguement une ligne bleuâtre qui n'était autre que la plaine de l'Èbre, où est située Saragosse. Henri m'affirmait que par un temps bien clair on peut apercevoir cette ville, bien qu'elle soit à plus de trente lieues de distance. Le fait est croyable, puisque, me trouvant à Saragosse en 1868, j'ai pu distinguer, au sommet des Pyrénées, une large fente qui ne pouvait être que la Brèche de Roland.

Pendant que je contemplais cette immense étendue de pays, et que ma pensée, franchissant le champ de vue, se promenait dans les Castilles et dans le royaume de Grenade, je fus arraché soudain à mes rêveries par un étrange colloque entre mon guide et... la Brèche de Roland. « Ohé! je vais en Espagne! » s'écriait le premier interlocuteur. Et la Brèche reprit : « Ohé! je vais en Espagne! » Chaque phrase fut textuellement répétée par un écho d'une étonnante fidélité, produite par les deux parois verticales et parallèles de la Brèche.

III

Frontière espagnole. — Mauvais pas. — Charmes du péril. — Repas. — Aspect du paysage. — Silence des hauteurs. — Une troupe d'isards. — Au pied de la Tour du Marboré. — Passage des glaciers. — Chaleur accablante. — Réfraction des neiges. — Le cône du mont Perdu. — Raréfaction de l'air. — La dernière escalade. — Arrivée au sommet.

Après quelques instants de repos, nous nous remîmes en route. Nous passâmes de France en Espagne sans avoir à exhiber nos papiers. Au delà de la limite des neiges permanentes, dame douane perd ses droits, et pour cause. Aussi ces parages sont-ils la terre promise des contrebandiers : Dieu sait s'ils sont nombreux dans la Péninsule! Henri s'étonnait fort que nous n'en eussions pas encore rencontré.

De Gavarnie à la Brèche, nous n'avions cessé de nous élever par les pentes les plus ardues. Mais à peine a-t-on dépassé la Brèche, que le terrain s'abaisse tout d'un coup : il faut descendre à pic deux mille pieds plus bas en contournant la montagne connue sous le nom de *Casque de Marboré.* Monter, passe encore; mais descendre, alors qu'il s'agit d'atteindre la cime du mont Perdu, voilà un genre de vexation qui met en défaut toute ma philosophie. Encore si le chemin était passable; mais les chèvres et les isards eux-mêmes hésiteraient à s'y risquer. Qu'on se figure une sorte de corniche adossée à gauche à un rocher vertical, et surplombant à droite des précipices dont la profondeur varie entre mille et douze cents mètres. Nulle part la corniche n'a plus d'un mètre de largeur; en beaucoup d'endroits elle n'est pas même large comme la semelle de nos bottes : il faut alors s'accrocher par les mains aux saillies du roc, en ayant soin de s'assurer que la pierre sur laquelle on s'appuie est fixée. En effet, nous marchons ici sur des pierres branlantes, et je ne puis réprimer un sentiment d'épouvante lorsque je les vois s'élancer dans l'abîme, décrire dans le vide d'effroyables paraboles, et retomber par ricochets à des profondeurs incommensurables.

Ce joli chemin se prolongea pendant une heure et demie. Le brave Henri était plein d'attentions pour moi : il me tendait la main aux endroits les plus difficiles, ce qui ne m'empêchait pas de trembler de tous mes membres. Ce trajet me parut long comme un siècle. De tous les mauvais pas du mont Perdu celui-ci est le plus périlleux.

Ceux qui n'ont jamais quitté les pays de plaine se demanderont sans doute quel charme on peut trouver à s'exposer à de pareils dangers, sans profit ni pour soi-même ni pour l'humanité. La réponse est difficile; car ceux-là seuls qui sont familiarisés avec les montagnes peuvent comprendre ce que l'on éprouve de satisfaction à triompher de la nature, à conquérir par la volonté, l'obstination et le courage, ce que Dieu semble avoir voulu mettre hors de la portée du commun des hommes. « Quiconque, a fort bien dit Ramond, n'a point pratiqué les montagnes de premier ordre, se formera difficilement une juste idée de ce qui dédommage des fatigues que l'on y éprouve et des dangers que l'on y court. Il se figurera encore moins que ces fatigues mêmes n'y sont pas sans plaisir, et que ces dangers ont des charmes; et il ne pourra s'expliquer l'attrait qui y ramène sans cesse celui qui les connaît, s'il ne se rappelle que l'homme, par sa nature, aime à vaincre les obstacles; que son caractère le porte à rechercher des périls, et surtout des aventures; que c'est une propriété des montagnes de contenir dans le moindre espace et de présenter dans le moindre temps les aspects de régions diverses, les phénomènes de climats différents; de rapprocher des événements que séparaient de longs intervalles; d'alimenter avec profusion son avidité de sentir et de connaître[1]. »

A neuf heures et demie, nous campâmes dans le creux d'un rocher; nous y étions à l'abri des rayons du soleil, dont l'ardeur se faisait déjà vivement sentir. Nous procédâmes à réparer nos forces par un repas qui ne brilla ni par l'abondance ni par le choix des mets : du pain et des œufs en firent tous les frais; mais l'air pur des montagnes nous avait mis en appétit, et cet assaisonnement supplée à tous les autres. Le vin, si exécrable qu'il fût, nous désaltéra à merveille. Il était renfermé dans une outre en peau de bouc, et jaillissait dans la bouche au moyen d'une légère pression : ce système un peu patriarcal est fort en usage dans toute l'Espagne.

Il serait difficile de dépeindre l'aspect du paysage que nous avions sous les yeux. Les déserts que je visitai naguère en Laponie ne sont pas plus affreux que la région désolée où nous nous trouvions en ce moment. Au fond de la vallée, de vastes champs de neige d'une blancheur éblouissante; le soleil y

---

[1] Ramond, *Voyage aux Pyrénées*.

tombe de toute sa force. Tout autour, des rochers à pics, nus et stériles ; leurs formes âpres et tourmentées, leurs teintes sombres, leurs cimes aiguës, tailladées en scie et menaçant le ciel, tout cela est empreint d'un caractère de sauvagerie indescriptible.

J'ai toujours été frappé à ces hauteurs du silence absolu qui pèse sur la nature. En bas, même dans les profondeurs les plus reculées des forêts, à l'heure solennelle où tout ce qui respire semble avoir cessé de vivre, de vagues harmonies se font entendre à l'oreille du poète, comme un soupir des choses inanimées ; chaque rocher, chaque arbre, chaque brin d'herbe a sa note particulière dans ce mystérieux concert : c'est le murmure du zéphir, ou le bruissement des feuilles qui se froissent, ou le bourdonnement de quelque insecte qui voltige, ou la voix lointaine d'un torrent. Ici nul autre bruit que celui de nos artères dans nos tempes ne troublait la quiétude et le calme de cette immense enceinte. Ce silence sublime, la sérénité du ciel, l'éloignement de la vie et des misères du sol habité, le profond recueillement de cette imposante nature, tout ici appartient à une autre création que celle d'en bas. Si parfois des sons redoutables font vibrer l'air de ces hautes régions, ce ne peut être que par suite de phénomènes rapides et passagers, soit lorsque la foudre s'abat sur une cime, soit lorsque l'avalanche se précipite des hauteurs avec la majesté d'une cataracte.

Comme nous nous disposions à poursuivre notre ascension, une troupe d'isards vint s'arrêter à quelques pas de nous, si près, que nous pûmes les compter. Comme nous étions cachés dans un creux de rocher, ils ne s'aperçurent point de notre présence. Ce fait semble donner un démenti à cette croyance généralement répandue, que l'isard flaire le chasseur à une grande distance. La troupe était conduite par un chef, espèce d'éclaireur qui, dit-on, signale le danger au moyen d'un petit sifflement aigu. Je déchargeai un coup de mon revolver, et au même moment toute la bande se mit à fuir comme électrisée, franchissant les obstacles avec une légèreté dont on ne peut se faire une idée qu'après l'avoir vue, faisant mille évolutions fantastiques à travers les ravins et les précipices, tantôt descendant, tantôt remontant, tour à tour paraissant et disparaissant à nos yeux, comme le ferait une nacelle balancée par les flots de la mer. En une minute ils avaient atteint le versant opposé; là ils s'arrêtèrent un instant, puis s'élancèrent de nouveau sur les pentes glacées, jusqu'à ce qu'ils furent enfin hors de notre vue.

Les isards se tiennent habituellement dans la région des neiges permanentes, où ils errent par bandes. Ce joli petit animal, tout à la fois chevreuil, chamois, et qui rivalise de gentillesse avec la gazelle et de rapidité avec le faucon, ne se trouve que dans les Pyrénées. Linnée l'appelle *antilope rupicarpa*. Ses cornes, petites, rondes, ont leur pointe recourbée en arrière, comme un hameçon. L'isard est moins grand que le chamois des Alpes : sa taille est celle d'une chèvre. Faible et sans armes, cet animal trouve dans la légèreté prodigieuse de sa fuite, dans la hardiesse de ses bonds d'une pointe de rocher à l'autre, un moyen d'échapper à l'attaque des animaux carnivores. Les montagnards font grand cas de sa peau, et plus encore de sa chair.

Nous étions encore à plus de deux lieues de la base du mont Perdu. Nous devions parcourir dans toute son étendue ce célèbre groupe de montagnes connu sous le nom de Marboré, et qui s'étend de la Brèche de Roland au mont Perdu. Nous avions dépassé la Brèche; il nous restait à contourner par leur face méridionale les cinq montagnes dont l'ensemble constitue la partie la plus colossale de la chaîne des Pyrénées. Ces montagnes, dont le nom dépeint la forme, sont : le Casque du Marboré (3,006 m.), la Tour du Marboré (3,018 m.), l'Épaule du Marboré (3,146 m.), le Marboré proprement dit (3,253 m.), et enfin le Cylindre du Marboré, ce fils aîné du mont Perdu, qui n'a pas moins de 3,327 mètres de hauteur. On dirait d'une armée de géants, postée là tout exprès pour marquer la limite entre deux nations.

Vers dix heures et demie nous fîmes une halte au pied de la Tour du Marboré. Déjà je commençais à m'apercevoir de ce changement physique qui s'opère toujours chez l'homme dans les régions élevées. A la hauteur où nous nous trouvions, l'air était singulièrement pur et subtil; je me sentais plus léger que d'habitude, et j'éprouvais une remarquable facilité dans la respiration. Quelle jouissance de humer à pleins poumons cette atmosphère vivifiante! Du point où nous étions, la cime du mont Perdu commençait à être visible, et ce ne fut pas sans émotion que je contemplai pour la première fois l'objet de mon ambition. J'aurais cru pouvoir l'atteindre en une heure, tant les distances des montagnes trompent un œil habitué aux horizons des plaines. En réalité, nous étions à plusieurs kilomètres de la base du mont. Il y avait environ sept heures que nous marchions, et nous étions encore bien loin du but que nous poursuivions. Avant de l'atteindre, que d'affreux déserts à franchir! Je n'osais faire part à mon guide d'une crainte secrête qui m'envahissait à la pensée qu'il nous serait peut-être impossible de rentrer au logis le même jour. Passer la nuit au milieu des neiges perpétuelles, dans une saison aussi avancée, était une perspective qui ne souriait guère à mon imagination. Mon guide me tira de mes préoccupations en entonnant un chant de la montagne. Je n'oublierai jamais l'impression profonde que me firent ces couplets, si simples et si touchants, en face de la plus grandiose nature qu'il soit possible d'imaginer.

Nous attaquâmes les nombreux glaciers qui couvrent les pentes abruptes du Marboré, et se succèdent presque sans interruption depuis la Tour jusqu'au Cylindre. Tous ces glaciers étaient complètement à découvert, à la différence de celui que nous avions gravi pour atteindre la Brèche. La raison en est simple : le glacier de la Brèche est situé sur le versant septentrional de la chaîne qui regarde la France; sur le versant espagnol règne une sensible différence de température : si les glaciers du versant nord sont couverts de neige pendant la plus grande partie de l'année, c'est que les gelées des nuits y sont très rigoureuses; ici, au contraire, les neiges exposées aux vents brûlants de l'Afrique quittent les glaciers en été.

L'inclinaison des glaciers étant très forte, il

fallut avoir recours aux précautions usitées en pareil cas. Mon guide sortit de son havresac deux paires de crampons. Là où les crampons ne mordaient point, il taillait des degrés dans la glace à l'aide d'une petite hache fort tranchante. La glace offrait parfois une telle résistance, qu'il fallait frapper à coups redoublés; en certains endroits

Mont Perdu.   Cylindre.   Marboré.   Cirque.   Brèche de Roland.   Taillon.

Les montagnes de Gavarnie, vues du pic Bergons.

nous faisions à peine dix pas par minute. Mon guide recommandait d'emboîter exactement mes pas dans les siens et de ne pas regarder du côté des précipices. De cette manière, le passage des glaciers put s'opérer sans accident et en moins de temps qu'Henri n'aurait osé l'espérer.

Entre le Marboré et le Cylindre nous eûmes à traverser un large ravin rempli de neige fondante; mes chaussures ne tardèrent pas à s'imprégner d'eau glacée, sensation d'autant plus désagréable que j'étais couvert de sueur. Sur la neige pullulaient de petits grêlons de la grosseur d'un pois : ces grêlons me rappelaient le grésil dont parlent les voyageurs qui ont visité la chaîne des Andes.

En ce moment le soleil au zénith dardait sur nos têtes ses rayons les plus cuisants. La chaleur était accablante et impitoyable. Le ciel, qui n'avait pas un nuage, était blanc comme du fer dans la fournaise. Je souffrais d'une soif ardente. Henri, pour se rafraîchir, se mettait des poignées de neige sur la nuque, suivant la mode en usage chez les montagnards. Pour ma part, j'avais épuisé ma dernière goutte de cognac; malgré les remontrances de mon guide, j'eus la faiblesse de me désaltérer en laissant fondre des grêlons dans la bouche. On ne commet pas impunément une pareille imprudence; mais à une soif impérieuse la raison ne résiste pas. Certes, l'expérience l'a démontré, dans ces régions élevées l'organisme se transforme à tel point, qu'il ne subit plus l'influence de ce qui dans la plaine lui serait pernicieux. Mais je ne tardai pas à apprendre à mes dépens que, sur la montagne comme en bas, il est certaines règles élémentaires de prudence dont il ne faut jamais se départir.

Ce qui n'était guère plus agréable, c'était la réverbération du soleil par la neige. Rien ne peut donner une idée de l'ennui que cause cette nappe éblouissante qui vous grille le visage par son éclat insoutenable, tout en vous glaçant les pieds. On a beau se couvrir la face d'un voile de mousseline verte et se protéger la vue au moyen de lunettes bleues, en dépit de ces précautions on est à demi cuit.

Après huit heures de marche, nous arrivâmes enfin au pied du cône du mont Perdu. C'est une vaste pyramide calcaire qui se dresse tout d'un jet, couverte de champs de neige, de glaciers, d'éboulis. Édifice d'une seule pièce, gigantesque monolithe que la nature a jeté sur les épaules du Marboré comme pour couronner cet immense et impérissable monument. Comme la plupart des géants, le mont Perdu est calme dans son immensité. Il monte vers le ciel sans efforts et majestueusement, et c'est à cette simplicité même qu'il doit son aspect grandiose et austère. « Ces formes simples et graves, dit Ramond, ces coupes nettes et hardies, ces rochers si entiers et si sains, dont les larges assises s'alignent en murailles, se courbent en amphithéâtre, se façonnent en gradins, s'élancent en tours où la main des géants semble avoir appliqué l'aplomb et le cordeau : voilà ce que personne n'a rencontré au séjour des glaces éternelles, voilà ce qu'on chercherait en vain dans les montagnes primitives dont les flancs déchirés s'allongent en pointes aiguës, et dont la base se cache sous des monceaux de débris. Quiconque s'est rassasié de leurs horreurs trouvera encore ici des aspects étranges et nouveaux. Du mont Blanc même il faut venir au mont Perdu : quand on a vu la première des montagnes granitiques, il reste à voir encore la première des montagnes calcaires. »

Il était midi lorsque nous commençâmes à gravir le colosse. En mesurant de l'œil la hauteur du sommet, il me semblait que nous devions y arriver bientôt; mais je ne fus pas peu surpris d'apprendre de mon guide que nous avions encore à peu près deux heures de marche.

Henri déposa son havresac au pied de la montagne. La partie de la route qu'il nous restait à parcourir était sinon la plus périlleuse, du moins la plus fatigante. Outre que les escarpements devenaient plus abrupts, l'air se raréfiait à mesure que nous nous approchions des espaces éthérés. Mon guide m'imposa le plus strict silence pendant la marche; il savait par expérience que rien n'est plus propre à ôter les forces que de tenir une conversation à une pareille élévation, et durant les courts temps d'arrêt que nous faisions pour reprendre haleine, si nous avions quelques mots à échanger, nous parlions à voix basse.

Nous eûmes d'abord à nous élever à travers des éboulis qui cédaient sous les pieds comme les scories du Vésuve et de l'Etna. Jamais escalade ne fut plus laborieuse. La dilatation de l'air, nous obligeant à faire de fréquentes inspirations, nous rendait ce travail extrêmement pénible : je ne pouvais guère faire plus de dix pas sans une pause pour recouvrer la respiration. J'étais dévoré d'une soif insatiable, près de succomber de fatigue, haletant, ruisselant; mes poumons semblaient se comprimer, et mes tempes battaient avec une violence inouïe. Un soleil brûlant achevait d'épuiser mes forces. J'avoue qu'un moment je fus près d'être vaincu par tous ces maux réunis : un profond découragement s'empara de tout mon être, et je me laissai choir sur le sol dans l'attitude de ces Romains qui attendaient la mort. Henri eut beau m'encourager par toutes sortes d'exhortations, je restai sourd à ses paroles; mais lorsqu'il en vint à me menacer de me porter sur ses épaules, j'eus honte de ma lâcheté, et, me souvenant qu'une femme intrépide avait un jour gravi le mont Perdu, je ramassai tout ce qu'il me restait de force et d'énergie, et, plein d'une ardeur fiévreuse qui tenait du délire, je me lançai à la conquête de ma proie.

Nous attaquâmes bientôt un énorme glacier. Délivré de ces affreux éboulis, je me sentais véritablement soulagé : ici du moins nous pouvions marcher de pied ferme. Henri saisit sa hache et tailla dans la glace une série de degrés qui devait nous servir au retour. La glace était si compacte, que chaque degré exigeait sept ou huit coups de hache : en sorte que nous n'avancions qu'avec la plus grande lenteur. Mon guide se fatiguait beaucoup à ce travail : bien que doué d'une force herculéenne, il était obligé de se reposer à tout instant, et haletait comme un jeune cerf poursuivi par le chasseur. Il subissait évidemment l'influence du peu de densité de l'air.

Enfin nous arrivâmes au bout du glacier, et, après dix heures des efforts les plus pénibles que j'aie jamais fait dans le cours de mon existence, nous mîmes pied sur un terrain nu et bombé, dépourvu de neige : c'était la cime. Le brave Henri me demanda par plaisanterie si je voulais encore monter plus haut; mais je vis bien, à la première inspection, qu'aucun obstacle ne s'offrait plus à nos yeux. Nous avions dompté le mont Perdu! Il était une heure et demie.

IV

Vue d'ensemble. — Impressions. — Ce qu'on voit du mont Perdu. — Absence de neige au sommet. — Une bouteille. — Étranges sensations.

Je m'assis sur la pointe du rocher la plus élevée, et, oubliant mes fatigues, je dévorai d'un œil avide l'immense horizon qui se déployait devant nous. Pas un nuage n'obscurcissait la vue. Un ciel d'une admirable pureté brillait au-dessus de nos têtes. Rien de voilé, rien que le soleil n'éclairât de ses plus vives clartés. Le champ de vue était si vaste, que je pouvais à peine l'embrasser. Jamais panorama plus étendu ne s'était déroulé devant mes yeux. La chaîne des Pyrénées presque tout entière, du pic de Néthou au pic du Midi d'Ossau, se dessinait à nos pieds comme une carte en relief aussi grande que nature. Dans ce prodigieux ensemble apparaissaient les plus innombrables détails : les pics neigeux, les pentes sillonnées de glaciers bleuâtres, les tours, les dômes, les murailles abruptes, les corniches aériennes, les amphithéâtres évasés en entonnoirs. Les cimes succédaient aux cimes comme les flots de l'Océan, tantôt nues et décharnées, tantôt étincelantes de neiges et de glaces. Ces vagues immobiles montaient vers le ciel avec une infinie variété de formes, et un peintre qui eût voulu représenter une tempête eût trouvé dans cette effroyable marée mille inspirations, mille sujets de sublime horreur ; rien ne ressemble à une mer en furie comme une chaîne de montagnes aperçue d'une cime élevée. Une main divine suspendit le flot au plus fort de l'ouragan, la vague soulevée se figea dans sa rage en menaçant le ciel, et le gouffre effroyable se creusa pour toujours : la mer fut pétrifiée dans ses convulsions.

Il me fallut quelque temps pour revenir de ma première surprise et pour débrouiller ce monde informe et confus, où l'ordre n'apparaît qu'à l'aide de la réflexion.

Du haut des autres sommets des Pyrénées, on peut presque toujours s'orienter par la vue des plaines ; mais ici l'œil se perd dans un chaos de cimes et cherche en vain le riant spectacle du monde habité. Toutes ces légions de pics, qui se dressent en nombre incalculable aux quatre coins de l'horizon, nous offraient le sombre aspect des contrées boréales avec leur hiver sans fin. Partout le désert glacé et le silence du tombeau ; rien qui fasse contraste avec cette muette désolation. La grandeur du tableau étonne sans charmer. On est dominé par la sensation de l'immense, par cette écrasante puissance de l'infini, qui subjugue, qui émeut l'âme plutôt qu'elle ne la séduit.

Et cependant ces déserts que n'anime pas un être vivant, ont un mystérieux attrait dont l'expression échappe à la pauvreté des langues humaines ; les méditations subissent l'influence de je ne sais quelle atmosphère d'éternité. Les années et les siècles passent, et ces austères solitudes restent immuables. Telles ces montagnes sont aujourd'hui, telles elles étaient il y a des milliers d'années. A leur aspect on se reporte aux premiers jours de la création, et l'on cherche à sonder les secrets de cette sublime nature. Dans les bas-fonds de la terre, l'imagination cherche vainement à s'affranchir des limites du monde civilisé : partout elle rencontre l'œuvre de l'homme ; mais ici l'âme éprouve une indéfinissable volupté à planer à vue d'aigle sur un domaine où l'humanité n'a point d'empire, et à se trouver en quelque sorte face à face avec Dieu.

Le mont Perdu est situé au sud de la chaîne centrale qui forme la ligne de démarcation entre la France et l'Espagne : en sorte que vers le nord se déroulent en panorama les innombrables montagnes qui constituent l'axe du système des Pyrénées. Comme l'a observé Ramond, « leurs cimes aiguës et déchirées s'enchaînent étroitement, et forment une bande de plus de quatre myriamètres d'épaisseur transversale, dont l'élévation intercepte complètement la vue des plaines de France. Telle est de ce côté l'insensible progression des abaissements, que cette large bande se compose de sept ou huit rangs de hauteurs graduellement décroissantes, et que le pic du Midi de Bagnères, qui se trouve au dernier rang visible, n'est encore qu'à cinq cents mètres au-dessous du mont Perdu. »

Ce qui vers le nord attire le plus l'attention, ce sont les énormes pitons du Vignemale, ce rival du mont Perdu, dont les glaciers chatoient au soleil comme des cuirasses d'acier poli. Ce mont géant est séparé de nous par la frontière française, et, bien qu'il soit en réalité à plus de quatre lieues de distance en ligne directe, il semble n'être qu'à quelques portées de fusil, grâce à l'admirable transparence de l'air.

Tout au nord on aperçoit, dans l'éloignement, la cime pointue du pic du Midi de Bigorre, située à dix lieues à vol d'oiseau. Lorsque du haut de ce pic je contemplai pour la première fois le mont Perdu, en 1868, je me promis d'en faire un jour la conquête : j'éprouvais aujourd'hui cette joie intime que procure le vœu accompli. Et tout en considérant du haut du mont Perdu cette cime vaporeuse que j'avais foulée quatre ans auparavant, je me rappelais cette pensée d'un poète allemand, qui peint si bien la destinée du voyageur : « *Wandern, wandern!* Voyager, voyager! Hier là, à présent ici : où irons-nous demain? »

L'horizon change d'aspect vers le sud : là les montagnes s'abaissent tout d'un coup, et les sommets les plus élevés de cette partie de l'Aragon sont à plus de mille mètres au-dessous de nos pieds ; du haut de notre belvédère, on les prendrait pour des collines. Au premier plan s'ouvre la sauvage vallée de la Cinca, au fond de laquelle coule un torrent né des glaciers du mont Perdu ; plus loin apparaissent la Tour de Gaulis, la gorge de Nérin, et les vallées de Pinède, d'Arrasses et de Bielsa. A l'horizon se dessine une chaîne de montagnes que les Espagnols désignent sous le nom de Sierra de Guarra : elle court dans la direction de Huesca, et dérobe aux yeux la plaine de l'Èbre.

Le cirque de Gavarnie est malheureusement caché par les grandes masses du Cylindre, dont la cime atteint une hauteur inférieure de vingt mètres seulement à celle du mont Perdu. En revanche, on distingue fort bien le cirque de Troumouse [1].

Le sommet du mont Perdu est une terrasse étroite qui n'a guère que dix mètres carrés d'étendue. Lorsque Ramond le visita, il y trouva une

---

[1] Voici la nomenclature, écrite sous la dictée du guide Henri Passet, des principales montagnes visibles du sommet du mont Perdu :

Au nord : l'Arbizon (2.831 m), le pic Méchant (2.944 m), le pic Cambielle (3.175 m), le pic Long (3.194 m), le Néoubielle (3.092 m), le pic du Midi de Bigorre (2.877 m), la chaîne du Bastan, le pic de Viscos (2.100 m), la Barbe-de-Bouc, le pic de Mal, le Coumélie, le Pimené (2.803 m), l'Astazou ; — au sud-ouest : le Vignemale (3.368 m), le pic Ardiden (2.670 m) ; — à l'ouest : le Cylindre (3.327 m), la Tour du Marboré, le Casque (3.018 m), la Brèche de Roland (2.804 m), le Taillon (3.146 m) ; — au nord-ouest : le Bondelos, le pic Fourmigal (près de Canfranc), le pic Denis, la Pena colorada, la Tendinera ; — au sud : la Tour de Gaulis, la Cinca, la gorge de Nérin, la vallée d'Arrasses, la vallée de Bielsa, la Sierra de Guarra ; — au sud-est : la vallée de Pinède, le pic Cotiella (3.100 m) ; — à l'est : le pic Posets (3.367 m), le pic de Néthou (3.404 m), le pic Lustous (3.025 m), le pic d'Ortos (près d'Andorre) ; — au nord-est : el Perdiguero (3.220 m), los Libones (3.000 m), le Portillon d'Oo (3.044 m), le cirque de Troumouse, le pic Gerbas, le pic de la Munia (3.150 m), le pic de Barancou Pregoum ou de l'Estibette (2.860 m), le pic de las Louseras (3.075 m), le pic de Troumouse (3.086 m), le pic de Serre-Mourène (3.058 m), le pic Blanc (2.836 m), le Port-Neuf (2.720 m), le col de Fanlo (2.530 m), le pic de Niscle (2.815 m), le col d'Arrabilou.

couche de neige de plusieurs mètres d'épaisseur; mais à l'époque de mon ascension cette cime était à découvert, bien qu'elle soit située à un millier de mètres au-dessus de la limite des neiges permanentes[1]. Ce fait ne peut être attribué qu'à la chaleur exceptionnelle qui régna au mois de septembre 1872, ainsi qu'à l'exposition particulière du mont Perdu, qui, isolé des autres montagnes, reçoit directement les vents brûlants de l'Afrique. Ce n'est que sur la pente septentrionale de la montagne que se déployaient des champs de neige : sur ce versant, un magnifique glacier descend jusqu'au bord d'un lac verdâtre qui dort à mille mètres plus bas que la cime, comme une émeraude enchâssée dans une bordure de neige. Le versant méridional du pic est tellement escarpé, que les neiges ne sauraient y rester suspendues.

Tandis que je me livrais à mes observations, mon guide alla déterrer de dessous une pyramide de pierre une bouteille où les voyageurs ont coutume d'enfermer leurs noms. J'y trouvai, entre autres, celui du prince héréditaire de Monaco, qui m'avait précédé ici quelques jours plus tôt, le 24 juillet 1872. Ma carte de visite, que j'ai enfermée

---

[1] Dans les Pyrénées, la limite des neiges permanentes est à 2.400 mètres au-dessus du niveau de la mer.

dans la bouteille, n'avait jamais hanté de si hautes régions en si haute compagnie[1].

---

[1] La bouteille du mont Perdu reçut un jour un nom féminin ; M. Soutras raconte ainsi dans quelles circonstances :

« Dans le courant du mois d'août, il y a quelques années, une femme, une Parisienne, Mme L***, partit de Luz avec la ferme résolution de parvenir, morte ou vive, au sommet de la formidable montagne. Cette dame, d'un courage tout viril, avait, dit-on, fait jurer à ses guides de transporter son corps sur la dernière cime, si la mort venait la surprendre en chemin. Seule au milieu de quatre montagnards, mais forte de son audace et de son indomptable volonté, elle n'eut pas un seul instant de trouble et d'hésitation dans tout le cours de ce périlleux voyage. Le premier jour, l'intrépide voyageuse, armée d'un bâton ferré, ses souliers garnis de crampons, s'éleva sur les premiers gradins du cirque ; elle franchit, sans que son pied chancelât, sans que la tête lui tournât, sans que le cœur lui faillît, ces *serneilhes,* ces glaciers qui s'étendent au bas de la muraille où s'ouvre la grande brèche, et qui naissent de l'accumulation des neiges fouettées par le vent. Elle passa, calme et fière, par cette grande porte taillée par l'épée de Roland entre la France et l'Espagne, et, après des fatigues inouïes courageusement supportées, elle atteignit le soir la base même du mont Perdu. Les voyageurs qui tentent cette longue et périlleuse ascension ne trouvent là qu'une misérable hutte, où le vent froid des nuits pénètre à travers les pierres disjointes. Malheureusement pour notre héroïne, des *carabineros* (douaniers espagnols) venaient d'y établir leur bivouac. Mme L*** ne put se résigner à passer la nuit avec de pareilles gens ; elle prit bravement son parti, et fit étendre une couverture de laine sur la pelouse, à deux ou trois cents pas de la cabane ; et, congédiant ses guides, elle dormit à la belle étoile, à deux mille cinq cents mètres au-dessus du niveau de la mer. Le lendemain, il fallut la réveiller, comme Alexandre le matin

Je commençais à me sentir fort incommodé par la rareté de l'air. Quoique je fusse dans un repos parfait, j'étais essoufflé comme si j'avais exécuté le travail le plus fatigant. J'avais des pulsations fé-

d'Arbelles, comme le grand Condé le matin de Rocroy. Entourée, mais non soutenue, de ses quatre fidèles montagnards, elle s'aventura sur les talus croulants du cône; elle gravit, en s'aidant des pieds et des mains, le long d'une étroite fissure qui forme comme une cheminée au-dessus d'un abîme plein de bruit et d'écume, et à dix heures du matin elle atteignait le plus haut sommet de ce géant superbe, après avoir déployé une force musculaire et une puissance d'énergie morale qui ne sont pas l'apanage ordinaire de son sexe... Nous n'aurions que des éloges à donner à l'intrépidité et à la présence d'esprit de Mme L***, si cette dame n'avait terni sa gloire par un acte qu'on ne saurait trop sévèrement qualifier. Au sommet du mont Perdu, dans le creux d'une roche, se trouvait une bouteille où tous les précédents voyageurs avaient déposé, sur de frêles morceaux de papier, une pensée, un rêve, un mot du cœur, un cri de l'âme, une espérance, un regret, un souvenir. Eh bien! Mme L*** eut le triste courage de disperser au vent ce dépôt sacré, et cela pour une puérile satisfaction d'amour-propre, pour avoir le droit de dire dans un salon de la Chaussée-d'Antin : « Vous ne trouverez que le nom d'une femme sur la dernière crête du mont Perdu ! »

« Au reste, cette indigne conduite ne tarda pas à recevoir un juste châtiment. Un jeune étranger, dont nous regrettons vivement d'avoir oublié le nom, n'eût pas plus tôt appris cette fraude fort peu innocente, qu'il partit de Saint-Sauveur et parvint heureusement au sommet du mont Perdu. Huit jours après, M^{mo} L*** recevait dans son hôtel, à Paris, la carte de visite qu'elle avait déposée dans l'aire des aigles, à plus de trois mille quatre cents mètres au-dessus du niveau de l'Océan. » (F. Soutras, *les Pyrénées illustrées*.)

briles, j'éprouvais quelque difficulté à élever la voix, et ressentais un malaise général. Je fis part de mes étranges sensations à mon guide, qui m'avoua qu'il éprouvait des effets analogues: jamais il n'avait subi à un degré aussi intense l'influence de la rareté de l'air dans ces hautes régions, ce qu'il fallait attribuer sans doute à la chaleur et à la lourdeur de l'atmosphère. Il fut le premier à proposer la descente, et je n'y fis nulle objection.

V

Descente des premières pentes. — Maux de gorge. — Route du retour. — Dernier regard au mont Perdu. — Terrasse du Marboré. — Le cirque de Gavarnie à vue d'aigle. — Une étrange grande route. — Où il faut grimper pour descendre. — Des papillons à la Brèche de Roland. — Adieux à l'Espagne. — Où il faut se laisser glisser. — Derniers mauvais pas. — Dangers du repos. — Retour à Gavarnie.

Armés du bâton ferré, nous nous remîmes en route à deux heures : notre séjour au sommet n'avait guère duré plus d'une demi-heure. La descente des premières pentes, dont la montée nous avait coûté tant de pénibles efforts, se fit sans aucune difficulté. Comme le mouvement que l'on fait en descendant exige une bien moindre dépense de force que le mouvement ascensionnel, la rareté de l'air ne nous incommodait plus autant. En moins de vingt minutes nous eûmes atteint le pied du cône, dont l'escalade nous avait demandé une heure et demie. Il est vrai que nous trouvâmes les empreintes toutes tracées au passage du glacier où nous avions dû précédemment nous frayer un chemin à coups de hache. A mesure que nous descendions, nous éprouvions un sensible soulagement : les dispositions au mal de montagne eurent bientôt disparu, et nos forces revinrent avec la gaieté, qui est la compagne inséparable du courage.

Nous retrouvâmes au pied du cône les provisions restées intactes. Il était deux heures et demie, et mon guide proposa de dîner avant de poursuivre notre chemin. Bien que je n'eusse rien pris depuis neuf heures du matin, le mont Perdu m'avait enlevé tout appétit, et, en vérité, nos vivres, qui se composaient de pain grossier, d'œufs et de lard, n'étaient guère propres à l'exciter. Cependant Henri m'engagea à manger; mais, dès la première bouchée, j'éprouvai au gosier une douleur cuisante, comme au contact d'un fer rougi à blanc. Une gorgée de vin ne fit qu'irriter le mal encore davantage. J'eusse donné le mont Perdu pour un verre d'eau fraîche, afin d'éteindre ce feu brûlant. « Vous avez bu l'eau des glaciers, me disait mon guide : ne vous ai-je pas averti que vous payeriez cher votre imprudence? » Et il ajoutait : « Je me défie moins des ours et des loups errants dans ces parages, que des petits grêlons que vous laissiez fondre ce matin dans votre bouche par une chaleur de près de quarante degrés. » Puis, d'un ton plus rassurant : « Ce soir, vous prendrez du miel et du lait chaud, vous dormirez, et demain tout sera fini. » Henri se trompait : car ce ne fut que trois jours après que je fus en état de reprendre de la nourriture. J'en tirai la conclusion pratique qu'il faut savoir écouter les conseils du guide.

Cependant nos pensées prirent un autre cours. Il était temps de songer au chemin à suivre pour retourner à Gavarnie. Nous avions le choix entre deux partis. Nous pouvions contourner le cylindre et gagner la Brèche de Roland par la terrasse du Marboré : c'était la route que nous avions suivie le matin. Ou bien nous pouvions prendre une voie beaucoup plus courte, en descendant dans le cirque de Gavarnie par les flancs de l'Astazou. L'Astazou est cette énorme montagne à pic qui se dresse comme une muraille à gauche du cirque. Mon guide m'exposa que la route de l'Astazou avait sur celle de la Brèche l'avantage de nous faire éviter un immense détour et de nous épargner trois heures de marche : avantage qui n'était pas à dédaigner après une étape de douze heures. Mais l'Astazou est, du sommet jusqu'à la base, une sorte de casse-cou qui semble avoir été fait pour les amateurs de tours d'équilibre exécutés dans le vide : c'est une paroi perpendiculaire de plus de deux mille mètres de hauteur, à laquelle il faut se coller comme un lézard ; et l'on descend dans cette position, ayant en vue le gouffre au-dessus duquel on est suspendu. Là un faux pas est toujours fatal. Aussi les rares voyageurs qui vont par cette route ne s'y aventurent qu'avec deux guides. On comprend qu'en présence de ces révélations, je n'écoutai que les conseils de la prudence, et me décidai à reprendre la route que nous avions déjà suivie.

Nous nous remîmes en marche vers trois heures, avec l'espoir d'arriver à cinq heures à la Brèche de Roland. Au premier champ de neige que nous eûmes à traverser, je m'aperçus que j'avais oublié mes lunettes bleues au sommet du mont Perdu. Cette perte me contrariait beaucoup, car je craignais que la réverbération du soleil par la neige ne me gratifiât d'une ophtalmie. Heureusement les champs de neige étaient rares sur ce versant, et sur le côté nord nous devions retrouver l'ombre. Le passage des glaciers n'était plus qu'un jeu ; les traces que nous avions formées le matin étaient, il est vrai, à moitié fondues par le soleil, mais le pied y trouvait encore un point d'appui suffisant.

Vers quatre heures, nous fîmes une petite halte sur une pointe de rocher, d'où nous saluâmes une dernière fois la cime que nous venions de conquérir. L'aspect du géant avait en ce moment je ne sais quoi d'extraordinaire et de fantastique : on l'eût pris pour une pyramide d'Égypte transportée par les Titans au sommet du Marboré. Comme au jour où Ramond découvrit cette fameuse montagne, le soleil l'éclairait de sa lumière la plus vive; un ciel d'azur lui servait de dôme; les deux énormes glaciers dont elle est flanquée étincelaient comme du métal, et le sommet, véritablement *perdu* dans les nues, était couronné de clartés qui semblaient ne plus appartenir à la terre.

Nous marchâmes longtemps dans une sorte de plaine aussi désolée que le Spitzberg ou le Groënland : on n'y voyait que de chétives plantes polaires, comme il en croît dans l'île Maigre, près du cap Nord. Cette plaine n'était autre que la terrasse du Marboré, jetée à trois mille mètres au-dessus du niveau de la mer. Elle abonde en coquilles fossiles. Des coquilles au sommet du Marboré! Ce n'est pas là ce qu'il y a de moins étrange dans ces régions, qui offrent un si vaste champ d'étude à la géologie.

Tout à coup, sans que mon guide m'eût prévenu de la surprise qu'il me préparait, nous arrivâmes au bord même de la terrasse, et nous vîmes s'ouvrir devant nous un précipice d'une lieue de pourtour et près de 1,500 mètres de profondeur. Le cirque de Gavarnie se déployait là tout entier sous nos pieds comme un immense entonnoir. Étendu sur le sol, je penchai la tête au-dessus de l'abîme : je ne pus me défendre d'un frisson lorsque je vis la plus haute chute du monde s'élancer d'un glacier au-dessus duquel j'étais suspendu, et aller mourir en pluie fine à un kilomètre plus bas que mon observatoire aérien. Je considérais dans une muette admiration ce magnifique amphithéâtre, contemporain de tous les siècles, qui m'avait paru si grand vu d'en bas, et qui semblait doublé vu d'en haut : j'en dominais les gradins, les neiges, les glaciers, les cascades ; je planais à vue d'aigle au-dessus du merveilleux édifice, et placé au faîte du dernier des gradins, je n'apercevais le fond de l'enceinte qu'à travers le voile vaporeux des couches d'air intermédiaires. Le cirque de Gavarnie, contemplé du haut du Marboré, est, avec la gorge de l'Arkansas, que j'ai vue depuis dans les montagnes Rocheuses de l'Amérique du Nord, ce que j'ai rencontré de plus extraordinaire, de plus féerique dans le cours de mes voyages.

Mon guide dut m'arracher malgré moi à ce grandiose spectacle, dont je ne pouvais détacher les yeux. Nous reprîmes le chemin de la Brèche, dont nous nous étions détournés. Nous suivîmes pendant quelque temps le faîte de la terrasse du Marboré ; nous passions les bras au-dessus des rochers qui s'effilaient en lames de couteau, et nous posions les pieds sur des corniches qui n'avaient guère plus de deux doigts de largeur. On s'habitue à la longue à côtoyer ainsi les précipices, et la vue du vide finit par ne plus causer le même effroi dès qu'on a son point d'appui. Le vertige n'est qu'une affaire d'imagination. Au dire de mon guide, le chemin était excellent, une vraie grande route. Il se moquait bien des précipices, lui ! En vérité, il eût été assez difficile d'imaginer un pire chemin que le nôtre ; mais tout ce qui est praticable pour les chèvres et les isards s'appelle un bon chemin dans le langage d'Henri Passet.

Après le mauvais pas, nous passâmes de petits glaciers, puis descendîmes à fond de train dans la vallée d'Arrasses. Ceci n'était que des roses, mais les épines allaient venir. Après être descendus mille mètres sur les terres espagnoles, il nous fallait remonter à cinq cents mètres plus haut pour passer en France par la Brèche de Roland. Si le matin je m'étais grandement révolté contre ce genre de vexation qui consiste à être obligé de descendre alors qu'il s'agit de monter au mont

Perdu, j'acceptais beaucoup moins l'idée de devoir recommencer à grimper alors que mes pauvres jarrets me refusaient tout service pour cette opération. Inutiles protestations, il le fallait ! Au bout d'un quart d'heure, je criais déjà merci. Exténué de fatigue, affaibli par la privation de nourriture, dévoré d'une soif ardente, miné par la fièvre, je me laissai tomber sur place, bien décidé à ne pas faire un pas de plus. Mon guide, qui jusqu'alors avait fait preuve d'une patience admirable, éclata en invectives. Il me dit qu'ayant à répondre de moi, il était bien décidé à me porter sur ses épaules plutôt que de consentir à ma proposition de passer la nuit en un pareil lieu. Et comme il se disposait à exécuter sa menace, — ce qu'il fit maintes fois pour des voyageurs exténués, — je m'élançai avec une sorte de rage vers cette Brèche de Roland, qui se dressait menaçante au-dessus de nos têtes et semblait nous narguer. Pendant une heure et demie, je m'épuisai en efforts inouïs à gravir les talus croulants sur lesquels il fallait nous aventurer, et à lutter contre la tendance qui entraînait ces terrains mobiles vers le précipice de mille mètres de profondeur que nous avions à notre gauche. Enfin, à cinq heures et demie du soir, nous atteignîmes la porte de la France. J'étais à bout de forces, et nous étions encore si loin de Gavarnie, à près de trois mille mètres de hauteur ! Je n'avais plus la puissance d'articuler une parole, et si je n'avais été sous l'œil de mon guide, je me serais pris à pleurer comme un enfant. Le brave Henri était visiblement ému de me voir dans ce piteux état, et il m'était facile de deviner que sous l'écorce un peu rude de ce montagnard il y avait une âme noble et généreuse.

Tandis que mes regards erraient machinalement tantôt sur l'Espagne, tantôt sur la France, je vis voler devant moi trois petits papillons du genre *Nacré* : pauvres naufragés de l'air, que les vents avaient enlevés jusqu'à ces hauteurs inhabitées ! Voyageurs comme nous, ils avaient, eux, des ailes pour retourner dans leur patrie : ces chétifs insectes se jouaient ici, et nous rampions, attachés à la terre ! Dans ces déserts déshérités de la nature, le moindre indice de vie est un événement[1].

Il était grandement temps de quitter ces hauteurs. Si nous nous attardions plus longtemps, il devenait difficile de passer avant la nuit les mauvais pas qui nous attendaient encore. On conçoit sans peine ce que l'obscurité a de redoutable dans des casse-cou du genre de ceux qu'il nous fallait affronter avant d'atteindre le fond du cirque de

---

[1] M. J.-D. Hooker a observé des papillons au mont Momay, à une altitude de plus de 5,400 mètres.

Gavarnie. Après dix minutes de repos, nous donnâmes un dernier regard à l'Espagne, et, armés d'un nouveau courage, nous commençâmes la descente du versant français.

Ici nous n'étions plus exposés aux ardeurs du terrible soleil d'Espagne : la montagne que nous venions de franchir avec tant de peine nous protégeait de son ombre et nous délivrait du tourment de la soif, ce qui n'était pas un mince avantage.

Le passage du glacier de la Brèche fut un jeu : nous aidant du bâton ferré, nous nous laissâmes glisser debout sur l'épaisse couche de neige qui le recouvrait comme un tapis de duvet : pendant cette opération je fus assez inhabile pour laisser échapper mon bâton ferré, et j'étais si bien lancé, que je pris subitement la position d'un président de cour d'assises. Henri conserva son attitude de procureur général, et alla repêcher mon bâton à l'extrémité de la pente. En quelques minutes nous eûmes franchi ce fameux glacier, que la plupart des voyageurs ont dépeint comme si redoutable.

Vinrent ensuite des pentes gazonnées sur lesquelles mon guide me fit courir en dépit du bon sens, en m'empoignant, bon gré, mal gré, par le bras.

Nous arrivâmes aux mauvais pas à la tombée de la nuit : nous ne distinguions plus qu'à demi les aspérités des rochers le long desquels nous devions nous laisser glisser. La descente des mauvais pas est toujours plus périlleuse que l'escalade. Quand on grimpe, on voit au-dessus de soi; mais descendre, en contemplant le vide, manque tout à fait de charmes. J'eus d'abord quelques hésitations: et si je n'avais vu mon guide me donner l'exemple en s'accrochant aux escarpements comme un écureuil, je ne serais peut-être jamais descendu.

Le passage, qui dura plus d'une demi-heure, se fit sans accident, et ce ne fut que lorsque nous fûmes hors de tout danger que mon guide me permit quelques instants de repos.

J'éprouvai en cette circonstance combien le repos est nuisible dans l'état de surexcitation fébrile où je me trouvais: à un soulagement momentané succèdent l'abattement et la prostration, qui ôtent toute énergie. Il pouvait être en ce moment sept heures du soir. Il faisait tout à fait nuit, car dans ces régions l'obscurité tombe plus tôt que dans la plaine. A une chaleur excessive avait succédé en quelques instants une température presque sibérienne. Je comprenais maintenant combien mon guide avait eu raison de ne pas vouloir me laisser passer la nuit à la brèche de Roland : nous n'eussions pu résister au froid rigoureux qui règne sur ces hauteurs pendant la nuit.

Mon guide m'arracha aux funestes douceurs du repos, car il nous restait encore deux longues lieues à faire. Nous arrivâmes bientôt au fond du cirque, et nous pûmes enfin marcher sur un terrain plat. Nous longeâmes le gave pendant une heure, et plus d'une fois l'obscurité nous fit trébucher au milieu des galets qui encombraient la route. Le torrent avait grossi depuis le matin, par suite de la fonte des neiges, et il fallut bien me résoudre à le traverser sur les épaules d'Henri; arrivé au milieu de la rivière, ce brave homme glissa et faillit tomber sous le poids de son fardeau. Il était près de dix heures du soir quand nous rentrâmes à Gavarnie, à la faveur d'un magnifique clair de lune.

Notre ascension n'avait pas duré moins de dix-huit heures. Aussi j'étais dans l'état le plus lamentable : je dus livrer ma personne détraquée à un médecin de Bagnères, qui me condamna à trois jours de repos. C'était payer assez cher la fantaisie d'avoir voulu exécuter l'ascension du mont Perdu en une journée [1].

---

[1] Je ne conseillerais à personne de faire cette longue course en un jour. N'eût été la saison avancée, je ne me serais point exposé à d'inutiles fatigues. Dans la belle saison, le meilleur parti qu'on puisse prendre, c'est de coucher à la belle étoile à proximité du sommet, pour assister le lendemain au lever du soleil. Un membre du Club alpin français, M. le baron Aymard d'Arlot de Saint-Saud, a fait l'ascension du mont Perdu dans

de semblables conditions, à la date du 24 août 1874. Il s'adjoignit Pierre Pujo, « excellent guide et beau-père du célèbre Henri Passet, » et monta par la Brèche de Roland et la terrasse du Marboré. « Depuis deux ans, dit-il, on a découvert, à une altitude d'au moins trois mille mètres et à une demi-heure de la cime du mont Perdu, derrière le cylindre du Marboré, à cinq minutes au-dessus et au sud-ouest d'un petit étang, un petit promontoire rocheux qui sert d'abri. Ce fut là, dans cette espèce de grotte, par une nuit très fraîche et une belle lune, dont les pâles rayons se reflétaient sur le glacier qui couronne le pic ; ce fut là, dis-je, que, serrés les uns contre les autres, nous passâmes la nuit. Nullement habitué à loger à une pareille hauteur et presque en plein air, je pus à peine fermer l'œil. A quatre heures, je fis réveiller mes camarades de lit (de rochers), et nous partîmes pour aller voir le lever du soleil au sommet du mont Perdu. Il s'élevait radieux quand nous arrivâmes à la cime, fiers et heureux d'être les premiers qui aient été témoins d'un pareil spectacle ; le fait fut consigné sur ma carte déposée dans une bouteille destinée à cet usage, et je mis au-dessous de mon nom le titre de membre du Club alpin français, titre que je vis aussi sur la carte d'un M. Cordier, qui avait fait cette ascension un mois avant moi. Le froid était très vif ; aussi ne restâmes-nous que quelques minutes sur la cime, malgré la beauté du panorama qui s'étendait sous nos yeux... »

CHAPITRE V

UNE ASCENSION AU MONT CANIGOU

(PYRÉNÉES-ORIENTALES)

I

De Toulouse à Prades. — Le mont Canigou. — Aspect des Pyrénées orientales. — Villefranche. — Le Vernet. — Notre caravane. — Le monastère de Saint-Martin. — Castell. — Les premières pentes. — Tableau alpestre. — Déjeuner dans la montagne. — Le rocher de Cadi. — Nuages menaçants. — Le guide Michel Nou. — Hutte de bergers. — La cheminée. — Les brouillards.

Parti de Toulouse le 21 septembre 1872, j'arrivai à neuf heures du soir à Perpignan, chef-lieu des Pyrénées-Orientales (ancien Roussillon). Sans m'arrêter dans cette localité située sur la route de Barcelone, et malgré l'heure avancée, je continuai mon voyage vers Prades, avec l'intention d'y passer la nuit et d'exécuter le lendemain l'ascension du Canigou, « de ce mont superbe, pour parler comme

M. Thiers, qui, placé à l'entrée des Pyrénées, les annonce d'une manière si imposante[1]. » Les wagons de la ligne de Perpignan à Prades sont surmontés d'impériales : j'en occupai une pour mieux jouir de l'aspect du paysage, qui, à la pâle clarté de la lune, ne manquait pas de charme. La lune, dans ces régions méridionales, semble briller d'un éclat plus vif : les contours des montagnes se dessinaient avec une incroyable netteté.

Au bout d'une heure (dix heures à compter de Toulouse), j'étais à Bouleternerre, petite station intermédiaire qui n'a de remarquable que son nom un peu bizarre. Au cri de : « Tout le monde descend, » je m'imaginai être arrivé à Prades; mais je revins de ma douce illusion lorsque je me vis impitoyablement empaqueté, avec toutes sortes de gens, dans une patache impossible décorée du nom de diligence. Il était dix heures du soir, et il restait trois lieues à faire. Amère déception pour un touriste qui, se fiant à la carte de l'indicateur officiel, s'imaginait que son coupon était valable jusqu'à Prades! Et le vexé touriste de se demander pourquoi la carte prolonge jusqu'à Prades une ligne qui ne dessert pas encore cette localité. Tout le monde s'y laisserait prendre.

---

[1] *Les Pyrénées et le midi de la France,* par Ad. Thiers; 1822.

Le Vernet et le mont Canigou.

A minuit sonnant, j'arrivai à Prades. Je descendis à l'hôtel *Januari*, le seul de l'endroit. Avant de me livrer aux douceurs du sommeil, je contemplai longtemps à travers ma fenêtre une montagne prodigieusement haute, dont la cime semblait perdue dans les profondeurs du ciel : ses larges et grandioses silhouettes étaient admirablement éclairées par l'astre des nuits. Je me trouvais en face du mont Canigou, que j'avais l'ambition d'escalader. Cette montagne a longtemps passé pour la plus haute des Pyrénées : son isolement la faisait paraître plus élevée qu'elle n'est en réalité; mais depuis qu'on l'a mesurée scientifiquement, elle est descendue de plusieurs rangs[1]. Si le Canigou ne peut plus prétendre au titre de montagne du premier ordre, il impose toujours le respect par ses formes grandes et nobles. « Avec sa cime couverte de neige pendant plus de la moitié de l'année et que l'on aperçoit facilement d'une trentaine de lieues, à travers cet air si limpide et si transparent du Midi, le Canigou, a dit un voyageur, peut se consoler de sa déchéance : il règne au moins sans contestation sur les vallées qui l'entourent et qu'il

---

[1] La hauteur du Canigou est, en chiffres exacts, de 2.785 mètres. Le Canigou n'est pas le point culminant des Pyrénées orientales; il est dépassé par le pic de Carlitte, qui s'élève à 2.840 mètres.

domine, au véritable sens du mot, de toute sa hauteur. »

Le lendemain, j'étais sur pied à six heures du matin. Je déjeunai de la tasse de café traditionnelle, accompagnée d'une façon d'œufs au lard.

Une voiture à deux chevaux commandée la veille m'attendait à la porte. Me voilà lancé sur la route poudreuse qui mène de Prades en Espagne. Les montagnes fraîches et bleuâtres se dessinent sur un ciel d'une pureté incomparable. Le Canigou trône au milieu d'elles, et dresse sa double cime à une hauteur prodigieuse : par suite d'une illusion d'optique, il semble n'être qu'à une portée de fusil, bien qu'il se trouve, en réalité, à plus de trois lieues de distance.

L'aspect de la route que je suivais ne manque pas de grandeur. Cette région montagneuse connue sous le nom de Pyrénées orientales a un caractère étrange qui ne rappelle en rien l'aspect ordinaire des contrées pyrénéennes. Ce ne sont que rochers grisâtres, dont les assises menacent ruine. L'action du temps en a déjà renversé plusieurs, et d'autres attendent le même sort. Des pans de rochers se penchent au-dessus de la route, et semblent menacer le voyageur d'un ensevelissement. Toute cette nature est nue et pelée. Désordre dans les masses, monotonie dans les couleurs : on cherche en vain quelque végétation qui puisse reposer les yeux; partout la stérilité, la désolation du désert. Et cependant il y a de l'ampleur et de l'austérité dans les lignes du paysage, et je ne sais quelle confusion qui frappe au premier coup d'œil. Quiconque a vu ce spectacle ne l'oublie pas. Pour ma part, j'éprouvais une joie profonde à rouler à toutes guides, par une fraîche matinée d'automne, en face de ces montagnes grandioses.

A mi-chemin, les chevaux lancés au grand trot m'entraînèrent à travers une petite ville fortifiée à la Vauban. C'était Villefranche. La ville, presque entièrement bâtie en marbre rouge, est dominée par un rocher à pic : au sommet de ce roc inaccessible s'élève un château fort qui commande l'entrée d'un étroit défilé, sorte de Thermopyles, qu'on a appelé la *Clef du Conflent*. Située sur la route de Puycerda, entre la France et l'Espagne, Villefranche fut maintes fois disputée par ces deux pays, et son histoire abonde en épisodes dramatiques.

J'arrivai vers huit heures au Vernet, petite localité thermale située au pied des premiers contreforts du Canigou[1]. C'est de là que l'on entreprend

---

[1] Les eaux minérales du Vernet, administrées sous toutes les formes, agissent efficacement sur la peau et les muqueuses. « Les établissements thermaux du Vernet, dit un auteur mo-

d'ordinaire l'ascension de cette montagne célèbre qui forme en quelque sorte le premier anneau des Pyrénées du côté de la Méditerranée. Le hasard me fit rencontrer au Vernet trois jeunes Parisiens campés en selle et n'attendant plus que le signal du départ pour marcher à la conquête du Canigou sous la conduite de Nichel Nou, le guide officiel recommandé par Adolphe Joanne. Je les pris d'abord pour des sujets du Grand Turc, parce qu'ils avaient eu la fantaisie de se coiffer d'un fez. Ces messieurs voulurent bien m'admettre dans leur caravane, et nous partîmes.

Notre troupe se composait ainsi de huit personnes, y compris les trois muletiers qui accompagnaient les chevaux. L'ascension du Canigou, une des plus faciles de la chaîne, est presque tout entière praticable à cheval. Je ne l'ignorais point ; mais je préférai rester fidèle à mon habitude de marcher à pied, système qui présente le double avantage d'être plus fortifiant et d'offrir plus de sécurité.

derne, ont aujourd'hui belle et bonne réputation : on y est venu quelquefois de fort loin, et, pour ne citer qu'un nom célèbre, Ibrahim-Pacha y a séjourné. Quand les religieux de Saint-Martin du Canigou installaient les premières bâtisses de ces thermes, ils ne se doutaient certes pas que la renommée de ce modeste village franchirait la Méditerranée, et que le successeur des Pharaons viendrait y chercher la santé. »

Il était huit heures et quart quand la caravane s'ébranla. Hommes et chevaux étaient pleins d'ardeur. Un soleil radieux nous promettait une belle journée. Au sortir du Vernet nous remarquâmes, sur le sommet d'un rocher, les ruines de l'antique

Ruines du monastère de Saint-Martin du Canigou (vue extérieure).

monastère de Saint-Martin, fondé au xe siècle par Guiffred, comte de Cerdagne. Suivant une ancienne tradition, ce Guiffred, faisant la guerre aux Maures, avait résolu de les attirer dans des défilés où il comptait les exterminer jusqu'au dernier. Mais son fils, dans son ardeur belliqueuse, engagea la bataille avant que les ennemis eussent tous pénétré dans les défilés et n'en défit qu'une partie. En apprenant cette faute, le comte ne sut maîtriser sa colère et donna la mort à son fils. Pour expier son crime, il bâtit le monastère de Saint-Martin du Canigou.

Nous eûmes bientôt atteint le petit village de Castell, où nous vîmes un autre vieil édifice en ruine que l'on prétend être une ancienne église; à l'aspect de ces murailles épaisses et de cette tour carrée et massive, on serait plutôt tenté de croire que ce fut autrefois un château fort, comme le nom lui-même semble du reste l'indiquer.

A partir de Castell commence véritablement l'ascension. Pendant les premières heures nous suivîmes un excellent sentier en pente douce. La vallée était aride et triste : quelques oliviers se montraient à peine sur les escarpements stériles et dénudés qui bornent l'horizon de tous côtés. Çà et là des bouquets de chênes verts et de rares champs de maïs. Quelques pentes sont couvertes de vignobles qui produisent cet excellent vin de Rancio connu de tous ceux qui ont visité le Canigou. Mais l'olivier, le chêne vert, la vigne, le châtaignier, disparurent à mesure que nous nous élevions et firent place à la région des rhododendrons.

Un contrefort de la montagne nous cachait le sommet, but de nos efforts. Nous le franchîmes, et un admirable cirque naturel nous apparut à l'improviste. Les rochers, qui s'ouvraient devant nous en hémicycle, étaient tapissés de sapins et de bouleaux; au fond du cirque un énorme piton dominait tous les autres : on l'appelle le *rocher des Isards*,

Ruines du monastère de Saint-Martin du Canigou (vue intérieure).

sans doute parce que les chasseurs y rencontrent souvent ces animaux. A l'arrière-plan, la cime brune du Canigou profilait dans la nue une masse d'une incomparable majesté. Des bergers faisaient paître leurs moutons sur les pentes; le tintement des clochettes, se mariant au bruit d'un torrent, complétait les harmonies de ce tableau alpestre. Nous fîmes ici notre première halte et réparâmes nos forces par un repas réconfortant.

Il est peu de jouissances comparables à celles d'un repas dans la montagne. Vingt fois j'en ai goûté dans mes excursions alpestres, vingt fois j'y ai trouvé un plaisir nouveau. L'air pur des montagnes est salutaire à l'estomac comme aux poumons ; j'en parle par expérience. Nous arrosâmes notre déjeuner de quelques bonnes rasades de rancio. Ce vin du pays laisse après lui un délicieux arrière-goût de vin d'Espagne.

Quand hommes et chevaux eurent achevé leur ration, on se remit en marche. Le chemin continuait à être facile. Un panorama fort étendu se déroulait à nos yeux. Nous distinguions, à une profondeur énorme, le bourg du Vernet, dont les maisons semblaient des jouets d'enfants disséminés dans la vallée. Ailleurs une vieille tour en ruine était perchée sur un mamelon isolé. Ce paysage était magnifique de sauvagerie.

Vers midi, nous fîmes une nouvelle halte au centre d'un cirque sombre et désolé. Les rochers semblent s'y être écroulés à la suite de quelque commotion terrestre. D'énormes éboulis recouvrent les pentes. De maigres sapins, des genêts, des plantes polaires croissent çà et là. Une gigantesque pyramide, connue sous le nom de *rocher de Cadi*, se dresse en face. Nous étions parvenus au plateau appelé *plat de Cadi*, situé à 2.359 mètres d'altitude[1]. Un silence solennel planait sur la contrée. En ce moment le ciel se couvrit tout à coup de nuages menaçants. J'émis l'avis de remettre l'expédition au lendemain. Cette sage proposition fut accueillie par une pluie de quolibets. Nos Parisiens déclarèrent qu'ils voulaient aller au sommet du Canigou, même dans les brouillards et la pluie. Force me fut de me ranger à l'opinion de la majorité. Quant à Michel Nou, il s'abstint de donner un conseil qui ne pouvait être complètement désintéressé.

Michel Nou est un solide gaillard de haute taille et de large carrure, un type de montagnard des

---

[1] D'après M. Charles Martins, le plateau de Cadi est le fond d'un ancien glacier qui, à l'époque glacière, débouchait dans la vallée de Tet, et poussait ses dernières moraines jusqu'en aval de Vinça. On retrouve encore au village de Castell une puissante moraine qu'il y a déposée en se retirant. Le plat de Cadi en indique la dernière station : on y reconnaît les moraines latérales et frontales du glacier. « Aujourd'hui, dit M. Martins, le Canigou n'a plus de glaciers; quelques amas de neige persistent dans les creux abrités du soleil; mais ils ne remplissent jamais un couloir tout entier, et la neige ne se convertit pas en glace par suite de fusions et de congélations répétées. Dans les Alpes helvétiques, où le climat est le plus froid, de petits glaciers permanents existent autour de sommets moins élevés que le Canigou, tels que le Faulhorn et le Mœnliflük, qui ne dépassent pas 2.680 mètres. » (*Une Station géodésique au sommet du Canigou*, par Charles Martins. *Revue des Deux Mondes*, décembre 1872.)

mieux caractérisés. Son visage, dont les traits bien accentués démontrent l'intelligence et l'énergie, est orné d'une barbe longue et bien fournie. Il porte une veste de velours gris, une culotte de la même étoffe, et de larges bottes de cuir garnies d'un bataillon de clous. Un béret rouge à gland blanc couronne son intéressante personne. Une pipe en racine ne quitte jamais l'angle droit de sa bouche. Le fusil qu'il porte à l'épaule annonce le chasseur d'isards; malheureusement les bêtes rusées flairent la présence de leur persécuteur, et pas une seule ne s'offre à ses balles meurtrières. Michel Nou, comme la plupart des montagnards, est plein de verve et d'humour, et raccourcit le chemin en racontant des histoires plus ou moins assaisonnées de sel attique.

A deux heures nous fîmes notre dernière halte auprès d'une misérable hutte en pierres sèches, que les bergers catalans ont construite, car les troupeaux s'élèvent jusqu'à ces hauts pâturages. Les chevaux s'arrêtent en cet endroit, et les muletiers élisent domicile dans la hutte, où ils allument un grand feu. A l'exemple de Michel Nou, nous absorbons un *canard* pour chasser les brouillards, qui s'épaississent de plus en plus. On ne voit plus à dix mètres de distance. N'importe! le sort en est jeté, il faut franchir la cime du Canigou, enveloppé dans son unique manteau. Et puis, qui sait? peut-être fait-il clair là-haut; peut-être, par l'enchantement d'une fée propice, les nuages se dissiperont-ils au sommet.

Michel Nou donna le signal du départ, et la moitié de la caravane le suivit, tandis que les muletiers et les chevaux faisaient cercle autour du feu en attendant notre retour. Au bout d'une minute, nous n'aperçûmes plus ni feux, ni hommes, ni bêtes : tout avait disparu dans les vapeurs, et nous entendions au-dessous de nous les éclats de rire des muletiers, qui ne comprenaient guère qu'on pût se donner tant de peines inutiles. Et c'est qu'en effet le cinquième et dernier acte de l'ascension du Canigou est une véritable escalade. Il faut gravir comme des singes, en s'aidant des pieds et des mains, une paroi verticale qui porte le nom de « Cheminée du Canigou ». Cette escalade, il est vrai, est facilitée par des degrés naturels qui forment une espèce d'escalier. Le terrible mont Perdu, ce mont Blanc des Pyrénées, dont j'avais fait l'ascension neuf jours auparavant, m'avait familiarisé avec ce genre de mauvais pas, et j'en étais arrivé à considérer comme un jeu le passage de cette cheminée, qui véritablement ne présente pas le moindre danger, bien qu'au dire de quelques voyageurs l'escalade du sommet du Canigou fasse courir des dangers de mort à ceux qui l'entreprennent.

Mes compagnons de route, qui décidément avaient l'esprit de contradiction, ne furent pas de mon avis. Eux, qui tantôt voulaient à tout prix atteindre la cime de la montagne en dépit de mes remontrances, changèrent de contenance lorsqu'ils furent en présence du redouté passage de la Cheminée. Ils furent pris l'un après l'autre d'une peur subite, et déclarèrent que, n'étant pas venus au Canigou pour se casser le cou, ils renonçaient à poursuivre l'ascension. Ils s'en retournèrent tout penauds auprès des muletiers, pendant que Michel Nou et son fidèle serviteur marchaient bravement à la conquête du Canigou. Les brouillards semblaient ne pas vouloir se dissiper en l'honneur des deux conquérants. En fait d'horizon, il n'y avait que la vue du dos de mon guide, au milieu duquel un rapiéçage assez mal dissimulé apportait de la variété au paysage. Au delà du dos de mon guide, je n'apercevais que du brouillard. Pour me consoler, Michel Nou me promit le spectacle d'une mer de nuages lorsque nous arriverions au sommet.

II

Déception. — Ce qu'on voit du Canigou. — La cabane du père Arago. — Le brouillard s'épaissit. — L'obscurité. — Retour au Vernet. — Triste sort d'un chat. — Départ.

A trois heures, nous foulions aux pieds la cime du Canigou. En fait de mer de nuages, nous ne vîmes que le nuage qui nous enveloppait. Certes, cette vue ne manquait pas de nouveauté, mais j'aurais préféré des sensations moins humides! Combien je regrettais de n'avoir pas une baguette magique pour déchirer, ne fût-ce que pendant un instant, le voile impénétrable qui dérobait à ma vue les montagnes environnantes, les plaines de la Catalogne et du Roussillon, et la nappe bleue de la Méditerranée! Le panorama du Canigou est, dit-on, un des plus beaux de la chaîne des Pyrénées. Ne l'ayant pas vu, je ne suivrai pas l'exemple de tant de gens qui, en pareil cas, se consolent de leur malchance en se livrant aux descriptions fantaisistes que leur suggère leur riche imagination.

Conclusion : dans les montagnes il faut être préparé aux déceptions. Souvent les ascensions commencent sous les plus heureux auspices : le ciel est bleu et le soleil piquant, on marche plein d'ardeur, en compagnie de l'Espérance et de sa sœur l'Illusion ; mais on n'a pas atteint le sommet que déjà le ciel s'est assombri, et que les montagnes capricieuses se sont coiffées de leur humide chapeau ; le pauvre touriste ne rapporte alors de son ascension d'autre impression qu'un bain de brouillards, ce qu'il trouve moyen de poétiser, pour peu qu'il soit d'humeur sentimentale. Le malheur est que le touriste sentimental, qu'on a trop ridiculisé, se fait de plus en plus rare.

Je me suis promis de ne point décrire le panorama du Canigou, et pour cause : les nuages me cachaient le Canigou lui-même. Je ne puis mieux faire que de citer la description qu'en a faite M. Charles Martins, qui, en 1872, passa plusieurs jours au sommet de la montagne pour y faire un travail de géodésie.

« Au sud-est, les montagnes des Albères, plus basses que les Pyrénées, et la côte d'Espagne avec ses découpures nombreuses se succédant sans interruption jusqu'à Barcelone. Au nord-est, la côte de France, formant une courbe régulière et continue jusqu'aux embouchures du Rhône... Au nord apparaissent les sommets des montagnes de l'Aude, et à l'horizon celles de l'Hérault et de l'Aveyron. Entre la montagne et la mer s'étend la vallée de la Tet, simulant une route blanche et sinueuse : elle aboutit à la ville de Perpignan, surmontée de sa citadelle. Plus près est celle de Prades, dont on distingue les maisons à l'œil nu, et les vallées de Sahore, du Vernet de Fillos, contrastant par leur belle verdure avec les montagnes dénudées qui les dominent au nord. Vers l'ouest, la vallée de la Tet s'élève vers la forteresse de Mont-Louis, située à 1.665 mètres au-dessus de la mer, et semblable, à cette distance, aux plans en relief qu'on voit aux Invalides. La route qui y conduit se montre çà et là sur les contreforts de la vallée. Au sud, les autres sommets du Canigou nous cachaient les cimes lointaines. »

Le panorama qu'on embrasse du haut du Canigou est peut-être le plus vaste de toute la chaîne des Pyrénées. Cela tient moins à l'élévation qu'à la situation particulière de cette montagne, à l'extrémité des Pyrénées et à peu de distance de la Méditerranée. D'après M. de Chaussenque, il serait possible de voir **Marseille** à une distance de trois cents kilomètres à vol d'oiseau, puisque, de la colline de Notre-Dame de la Garde, en 1808, l'astronome de Zach vit le soleil se coucher derrière la double cime du Canigou[1]. On le voit, j'avais des raisons

---

[1] Le Canigou peut mathématiquement apparaître au-dessus de l'horizon de Marseille; car la courbure de la terre, sur une distance de soixante-quinze lieues, n'est point assez forte pour intercepter le sommet. Il est assez curieux de lire ce qu'a écrit à ce sujet le baron de Zach, dans sa *Correspondance astronomique*.

« Tous les voyageurs, dit-il, qui ont monté sur le Canigou assurent que l'air y est très sec et très pur, et que son sommet est généralement au-dessus des brouillards et des nuages. Comme le climat du midi de la France est presque toujours beau et très serein, et que néanmoins il est fort rare de voir cette montagne, j'ai pensé que la cause en devait être tout autre que l'obscurité, les vapeurs et l'opacité de l'air. Cette réflexion m'a conduit à l'idée que peut-être la montagne ne se montrait distinctement que lorsque le soleil se couchait derrière elle, et qu'alors elle se projetait, pour ainsi dire, en silhouette sur le fond doré du ciel crépusculaire. Il fallait donc calculer à quelle époque le soleil, vu de Marseille, se couchait précisément derrière le Canigou. Le résultat montra que ce phénomène devait avoir lieu vers le commencement du mois de février et vers la fin du mois de novembre.

« L'an 1808, j'étais à Marseille; le jour du 8 février fut remarquablement beau et serein. Je me transportai dans l'après-midi, avec mes instruments, sur la montagne de Notre-Dame de la Garde. Plusieurs savants et des amateurs m'accompagnaient pour être témoins de l'expérience. Après avoir planté ma lunette sur le point de l'horizon où devait se trouver le Canigou, nous ne vîmes rien d'abord. Le soleil donnait droit dans la lunette, et devait par conséquent empêcher toute vision

d'en vouloir à ces fâcheux nuages qui me privaient du plaisir de promener mes regards à soixante-quinze lieues à la ronde.

Le plateau du sommet n'a que sept à huit mètres de long sur cinq de large. « Ce sommet, dit M. Charles Martins, est formé par la rencontre de deux arêtes: l'une praticable, qui s'abaisse rapidement vers le nord-est; l'autre abordable seulement pour de hardis montagnards, qui se dirige vers le nord en se maintenant d'abord à la même hauteur, pour plonger ensuite tout à coup vers la plaine. C'est cette arête qui donne au Canigou, vu de loin, l'apparence d'une montagne terminée par un double sommet. »

Les amateurs de lever de soleil peuvent s'abriter la nuit au sommet de la montagne. On y a bâti une petite cabane en pierres sèches, qu'on désigne

---

distincte des objets terrestres, soit avec des instruments d'optique, soit à la vue simple. Ce n'était qu'après le coucher du soleil que le spectacle devait avoir lieu. Cet astre s'approchant de l'horizon, nous attendîmes avec impatience son coucher. A peine le dernier rayon avait-il disparu, que comme par un coup de baguette nous vîmes, pour ainsi dire, tomber à l'instant le rideau, et une chaîne de montagnes noires comme jais, avec deux pics élevés, vinrent au point nommé frapper nos regards avec tant d'évidence et de clarté, que plusieurs spectateurs eurent peine à croire que ce fussent les Pyrénées. On les aurait prises pour des montagnes du voisinage, tant elles paraissaient distinctes et proches de nous... »

dans le pays sous le nom de « cabane du père Arago ». C'est à tort que, se fondant sur cette dénomination, on croit généralement qu'Arago fit dans cette cabane des expériences scientifiques. François Arago vint, en effet, au Canigou en 1842, avec MM. Mauvais et Petit, pour résoudre divers problèmes de magnétisme; mais ce furent ces derniers qui s'établirent au sommet du Canigou, tandis qu'Arago opéra au pied de la montagne. Ils constatèrent par leurs expériences que les forces magnétiques deviennent de moins en moins actives à mesure que l'on s'élève.

Selon la coutume, je déposai ma carte de visite dans la cabane du père Arago. Michel Nou donna le signal du départ en tirant un coup de fusil, qui fut répercuté par tous les échos de la montagne et répandit la terreur parmi les isards.

Nous descendîmes lestement les parois verticales de la cheminée en nous aidant du bâton ferré. A quatre heures nous avions retrouvé nos compagnons blottis comme des Lapons dans la hutte des bergers. Ils étaient serrés les uns contre les autres autour d'un grand feu qu'ils avaient préparé pendant notre absence. En entrant nous faillîmes être suffoqués par la fumée, qui sortait comme elle pouvait par un trou pratiqué dans le mur.

Quand nous nous remîmes en route, le brouillard

s'était épaissi au point que Michel Nou seul pouvait reconnaître les traces du chemin que nous avions à suivre. Heureusement le Canigou était une vieille connaissance de Michel Nou, et, avec l'accent d'un guide qui connaît son métier, il nous disait qu'il pouvait retourner au Vernet les yeux fermés. En dépit de cette assurance, je ne savais cependant me défendre d'une sensation étrange, et je devinais à la physionomie pensive de mes compagnons qu'ils partageaient le sentiment de vague terreur dont je me sentais saisi en songeant que nous pouvions nous égarer au milieu de ce redoutable brouillard, qui nous enveloppait comme d'un linceul glacé. Quel bonheur d'avoir un guide dans ces circonstances ! C'est alors surtout que l'on apprécie les inestimables services que vous rendent ces braves gens.

Bien dirigée, notre descente se fit plus rapidement qu'on aurait osé l'espérer. Néanmoins nous fûmes surpris par l'obscurité. A six heures et demie du soir il faisait nuit complète. Qu'on veuille bien se souvenir que nous étions à la fin de septembre. La nuit était si noire, que sans l'instinct merveilleux des chevaux on n'eût pu reconnaître le sentier.

Les cavaliers étaient en sûreté; mais les piétons, et j'étais de ce nombre, étaient fort à plaindre. Il nous fallut marcher un peu au hasard, au risque de tomber dans les précipices. Le mieux était de suivre les chevaux en les tenant par la queue; mais, ce procédé étant moins commode que plaisant, je préférai me passer entièrement de l'appendice caudal du guide à quatre pattes qui marchait devant moi. Les pierres du chemin, contre lesquelles je buttais presque à chaque pas, me rendaient la marche fort pénible; mes chaussures se déchiraient contre leurs arêtes pointues, et, la fatigue aidant, j'étais à peine en état de me traîner sur mes pieds endoloris par les mille heurts qu'ils avaient à subir. Le bon Michel Nou était plein d'attentions pour moi : il m'aidait de son bras vigoureux et me préservait d'une chute chaque fois que je faisais mine de tomber. Mais nous finîmes par avoir raison de toutes ces petites misères, et vers huit heures et demie du soir nous arrivâmes enfin au village de Castell; Michel Nou s'y munit d'une lanterne, qui éclaira notre route jusqu'au Vernet. En ce moment notre petite caravane présentait un coup d'œil fantastique qui eût tenté le pinceau de Rembrandt. Éclairés par les lueurs vacillantes de la lanterne, nos montagnards au costume bizarre avaient, sans qu'ils s'en doutassent, un air terriblement sinistre : le fusil de Michel Nou, nos bâtons ferrés, qu'on eût pris pour des lances, tout cela nous donnait l'aspect d'une troupe de bandits revenant de quelque expédition nocturne.

Ce fut dans cet équipage que nous arrivâmes au Vernet. J'étais brisé de fatigue, comme on est autorisé à l'être après une marche de treize heures.

Beau feu et bon dîner nous attendaient chez M^mo Nou. Ah! qu'il fait bon de se reposer après une longue course! Le dîner préparé à notre intention faisait grand honneur aux talents culinaires de l'hôtesse. A défaut de lièvre ou de lapin, nous mangeâmes un pauvre chat qui le jour même avait péri sous les serres d'un aigle : Michel Nou nous avait offert le matin en spectacle la lutte de ces deux animaux, en se réservant le plaisir et l'avantage de nous faire manger le vaincu.

Nous ne goûtâmes que quatre heures de sommeil, et à trois heures du matin nous fûmes de nouveau sur pied. La nuit était noire : pas une étoile ne brillait dans le ciel. J'avais grande envie de retourner au lit dont on n'avait dû m'arracher par force; mais quand je vis mes Parisiens irrévocablement décidés à partir pour prendre le train de huit heures du matin à Bouleternerre, je pris l'héroïque résolution de les accompagner. Nous serrâmes dans une cordiale étreinte la main de notre excellent Michel Nou, nous sautâmes dans une méchante carriole, et partîmes à grandes guides pour Prades. A Prades nous prîmes la diligence, et à Bouleternerre nous trouvâmes le chemin de fer.

En roulant à toute vapeur de Bouleternerre à Perpignan, je ne pus m'empêcher de contempler avec mélancolie la cime du Canigou, où je m'étais reposé la veille devant un panorama splendide caché à mes yeux par d'affreux brouillards.

CHAPITRE VI

BAGNÈRES-DE-LUCHON

Bagnères-de-Luchon, station de chemin de fer. — Situation et aspect de cette localité thermale. — Castelviel. — Le val du Lis. — La cascade d'Enfer.

Bagnères-de-Luchon est la plus délicieuse localité thermale qu'il soit possible de rencontrer. Quand je la visitai en 1872, on ne pouvait encore s'y transporter qu'en diligence; la voie ferrée, qui était alors en construction, fut achevée l'année suivante, et aujourd'hui Luchon est devenu une station de chemin de fer. A quand le tour des Eaux-Bonnes et des Eaux-Chaudes, de Luz et de Gavarnie? Sans être prophète, j'ose affirmer qu'avant vingt ans le bruit strident des locomotives retentira dans les solitudes les plus reculées des

Pyrénées, et que la diligence y sera passée à l'état légendaire tout comme dans les pays de plaines. Ceux qui aiment la nature vierge et les vallées sauvages doivent se hâter, car le temps n'est pas éloigné où l'on gravira le pic de Midi, et peut-être même le mont Perdu, en chemin de fer. Et qu'on ne me dise pas que je plaisante : le Righi n'a-t-il pas déjà subi cette humiliation ou cette profanation (je laisse le choix du mot)?

Bagnères-de-Luchon est bâtie au confluent de deux vallées, au milieu d'un bassin d'une admirable fertilité : rien de plus vert, de plus frais, de plus ombreux que la plaine de Bagnères; partout des ruisseaux, des rideaux de peupliers, des cultures qui font plaisir à voir. La ville elle-même offre un aspect tout à fait séduisant : c'est une miniature de Paris au fond d'une vallée des Pyrénées. L'affluence des baigneurs lui donne une physionomie toute particulière[1].

« Il y a dans Luchon deux villes, dit M. F. Soutras : la ville neuve, fraîche, pimpante, coquette, un peu trop coquette, il faut bien le dire, pour une fille des montagnes, et la ville ancienne, triste, noire, enfumée, aux rues étroites, aux façades lé-

---

[1] Luchon est visité chaque année par dix à quinze mille baigneurs.

preuses, et frottant un peu trop ses haillons au luxe de sa sœur privilégiée. Tout le mouvement, toute la vie, tout l'éclat semblent s'être portés sur l'allée ou cours d'Étigny, dont les plus vieilles maisons datent à peine du commencement du siècle. Il n'y a pas encore soixante ans, que le long de ces belles plantations de tilleuls se blotissaient de chétives masures, et que des granges occupaient le terrain où s'élèvent aujourd'hui de pompeux hôtels. La vieille ville, au contraire, remonte, selon toute apparence, à une haute antiquité. Les Romains connurent sans nul doute les eaux de Luchon[1]. »

J'ai été frappé de la ressemblance de Bagnères-de-Luchon avec Interlaken, le séjour d'été bien connu de tous ceux qui ont visité la Suisse. Le cours d'Étigny, avec ses constructions aristocra-

---

[1] La localité thermale à laquelle les Romains donnèrent le nom de *Balneariæ aquæ Lixoncenses* (eaux thermales de Lixon) n'était autre que Bagnères-de-Luchon. Lixon était le dieu honoré dans la contrée, comme le prouve l'inscription suivante, découverte à la fin du siècle dernier :

LIXONI
DEO
FABIA FESTA
V. S. L. M.

Il y a évidemment parenté entre Lixon et Luchon.

tiques, ses cafés, ses magasins, rappelle à s'y méprendre la célèbre avenue de la fashionable ville alpestre. Entre le vieux et le nouveau Luchon, même contraste qu'entre l'antique et pittoresque Unterseen et sa jeune voisine Interlaken. Si Interlaken est assise au pied de la Jungfrau, ce géant de l'Oberland bernois, Luchon est fière du voisinage de la Maladetta, ce colosse de la chaîne pyrénéenne. Mais là s'arrête l'analogie : il faut bien le dire, on chercherait vainement à Luchon ce qui fera toujours d'Interlaken un site unique en Europe, les incomparables lacs de Thune et de Brientz.

Les excursions sont nombreuses aux environs de Bagnères-de-Luchon. Malheureusement mon séjour dans cette localité fut contrarié par une pluie continuelle, et il me fallut renoncer au hardi projet que j'avais formé d'escalader la Maladetta. Les gens du pays m'assuraient d'ailleurs que la saison était trop avancée pour entreprendre cette longue et difficile ascension[1].

Un jour que le ciel me paraissait moins gris qu'à l'ordinaire, je partis à pied de Luchon, vers huit heures du matin, pour aller explorer la vallée du

---

[1] Les journaux ont rapporté récemment le triste accident dont le comte de S*** a été victime à la Maladetta. Un pan de rocher s'étant dérobé sous ses pas, il fit une chute si malheureuse, qu'il dut subir l'amputation de la jambe.

Lis, située à deux lieues de la ville. C'est une des plus charmantes promenades que l'on puisse faire dans les Pyrénées.

Une belle route en pente douce me conduisit à

L'établissement et le parc de Luchon.

Castelviel, débris de tour perché d'une façon très pittoresque sur un mamelon qui domine la ravissante vallée de Bagnères. Tout en longeant le bruyant torrent de la Pique, qui mugit au fond des précipices, j'arrivai à un endroit où la vallée se bifurque. L'une des deux branches, à gauche, mène au port de Vénasque et en Espagne; l'autre, à droite, conduit au val du Lis. La route de gauche me souriait, car je voyais au bout la Maladetta ; mais en ce moment même le ciel se couvrait de nuages si menaçants, que force me fut de prendre la route de droite.

Je m'engageai donc dans une gorge étroite, dont les deux versants sont couverts de magnifiques forêts de sapins aux têtes arrondies. Le sentier y est disputé par un torrent dont les eaux neigeuses et frémissantes forment une série presque ininterrompue de ressauts et de cascades. Les yeux sont fascinés, les oreilles assourdies. Mais quel peut être le fat qui a eu la fantaisie de baptiser ces cascades de noms tels que ceux-ci : *cascade du Cœur, cascade des Demoiselles, cascade Illustre !!!*

Après deux heures de marche, je débouchai dans le vallon supérieur, auquel on a donné le nom de val du Lis[1].

Représentez-vous en imagination tout ce que vous avez jamais vu de plus frais, de plus riant et de plus poétique : vous aurez à peine le val du Lis. prairies émaillées de petites fleurs blanches, pentes chargées de sapins toujours verts, pâturages où paissent des troupeaux agitant leurs clochettes, cascades tombant d'assise en assise et dessinant

---

[1] Ainsi nommé parce que les lis y croissent en abondance.

Interlaken et la Jungfrau.

leur raie blanche au milieu des sapins, et enfin, au-dessus des régions inférieures, les glaciers bleuâtres et les neiges des hautes cimes, tout cela forme le tableau le plus séduisant qui se puisse rêver! Pour les Orientaux, ce serait un coin du paradis sur la terre.

Le val du Lis a la forme d'un hémicycle parfaitement arrondi; l'étendue n'en est pas très considérable : on peut le traverser d'une extrémité à l'autre en moins d'une demi-heure. Cette enceinte de moyenne grandeur n'a pas la sévérité et le grandiose de l'enceinte de Gavarnie; rien de brusque, rien de heurté dans ces gracieux contours : tout y est doux à l'œil; et lorsque l'on contemple longtemps ce cirque en miniature, on sent naître en soi je ne sais quoi de suave et de mélodieux. Le val du Lis est à Gavarnie ce que l'oasis est au désert.

Je courus jusqu'au pied de la cascade d'Enfer, qui bondit au fond du cirque et forme le point central du paysage. Le torrent s'élance, rapide comme la flèche, dans une fissure de rochers, s'échappe par un étroit goulot, tombe dans le vide, se déploie en nappe, et flotte jusqu'au bas du rocher comme un voile de gaze ou comme un nuage d'écume. Voilà une belle cascade; mais ce que j'aime mieux encore, c'est l'admirable végétation qui lui sert de cadre et complète en quelque sorte l'harmonie du tableau. Une rosée glaciale s'étend autour de la chute, et il n'est pas bon d'y faire un séjour prolongé.

La pluie me força à revenir sur mes pas. Avant de quitter le val du Lis, je me retournai pour le contempler une dernière fois. Un plafond de nuages s'appuyait sur les deux versants de la montagne, et me cachait les cimes et les glaciers, mais cet aspect ne laissait pas d'avoir son charme : rien de prestigieux comme ces guirlandes de nuages qui couraient d'un bout à l'autre de la vallée, et ces légers flocons de brouillards qui semblaient flotter sur les cimes des sapins.

Adieu, belle vallée ! j'espère te revoir un jour par un beau soleil et par un ciel serein !

CONCLUSION

Bienveillant lecteur, si j'ai pu vous inspirer quelque envie de faire connaissance avec les Pyrénées, je serai enchanté de n'avoir pas fait œuvre inutile en publiant ces impressions de voyage. Si je n'ai pas atteint ce but, veuillez ne l'attribuer qu'à mon inhabileté. Il en est des montagnes comme de la mer, comme de tout ce qui est grand : pour pouvoir rendre leur saisissantes beautés, il faut être un grand poète ou un grand peintre.

J'aurais pu vous conduire encore dans maintes localités pyrénéennes qui m'ont laissé les plus charmants souvenirs, telles que les Eaux-Bonnes, les Eaux-Chaudes, la vallée d'Ossau, Bagnères-de-Bigorre et ses ravissants environs. Mais ces lieux sont si connus, et tant de voyageurs les ont dépeints avant moi dans un style imagé et attrayant, que j'ai préféré les passer sous silence et laisser ensevelies dans mon carnet de voyage des notes qui ne vous auraient probablement rien appris de nouveau.

Les Pyrénées, qui furent si longtemps une sorte de *terra incognita* reléguée dans l'oubli, sont aujourd'hui explorées en tous sens, bien qu'elles n'aient pas encore atteint la vogue des Alpes. Chaque année, aux premiers beaux jours, des essaims de touristes y vont faire provision de forces et de santé. Voilà qui est bien! Il est bon d'aller secouer de temps en temps dans les montagnes ce que l'on a appelé le *virus* des grandes villes, d'aller s'y retremper l'esprit et se dilater le cœur au contact de cette mâle et puissante poésie que l'on y respire avec l'air vivifiant des hauteurs.

L'éminent physicien anglais John Tyndall nous dit, avec cette bonhomie particulière aux savants, que c'est au milieu des montagnes que chaque année il va renouveler son bail avec la vie et rétablir l'équilibre entre l'esprit et le corps, équilibre que l'excitation purement intellectuelle des grandes villes est surtout propre à détruire.

« La montagne, dit M. Albert Dupaigne dans son excellent et savant ouvrage sur *les Montagnes*, est saine pour le corps, saine pour l'esprit, saine pour le cœur. Le corps y prend l'habitude de la lutte, condition de la santé; l'esprit y voit et y conçoit la vraie grandeur; le cœur y sent indispensables la charité et l'esprit de famille; il comprend comment les peuples peuvent rester honnêtes et libres... Les jeunes gens qui ne connaissent que les chemins faciles vont apprendre là qu'il en est de raboteux et escarpés, et qu'au bout de ceux-là seulement est le but du voyage, la vue enivrante d'un sublime panorama, et le bonheur de la difficulté vaincue, qui fait oublier toutes les fatigues et tous les ennuis. »

Comme les médecins ont toujours eu le privilège de faire autorité, qu'il me soit permis de citer encore les paroles d'un disciple d'Hippocrate, M. Lortet, professeur à l'école de médecine de Lyon.

« Que ceux qui ont besoin de refaire leurs forces épuisées par la fièvre d'un travail incessant et impitoyable, que ceux qui aiment encore le grand et le beau, le calme et le silence, prennent le bâton du montagnard et aillent sur les hauteurs respirer en liberté l'air pur des forêts et des glaciers. S'ils ne reviennent mieux portants, plus dispos et plus heureux, qu'ils renoncent à toute médication, leur mal est incurable. »

Que puis-je ajouter à des paroles si autorisées ? L'excellence des voyages aux montagnes est aujourd'hui trop incontestée pour qu'il soit nécessaire d'insister sur un pareil sujet. Je me borne donc à souhaiter à ceux qui referont mes excursions la santé, la force et les saines jouissances que j'en ai rapportées.

Mais il est un point sur lequel on est beaucoup moins d'accord. Celui qui veut faire une visite aux montagnes est souvent très embarrassé de choisir entre les Alpes et les Pyrénées. C'est, en effet, une querelle très fréquente de comparer les beautés des deux chaînes. Je n'oserais me prononcer sur une question aussi délicate. Mais ce que je puis affirmer, c'est qu'il est parfaitement oiseux de comparer les Alpes aux Pyrénées : chaque chaîne de montagne, comme chaque pays, a son genre de beauté à part. Si les Alpes ont leurs lacs, leur verdure et leurs glaciers, les Pyrénées ont leur ciel bleu, leur lumière splendide et chaude, leur atmosphère si pure et si transparente. Comme l'a fort bien observé M. F. Schrader, les Pyrénées sont assez belles de leur propre beauté, de leurs violents contrastes, de leurs vallées calcaires et de leur double aspect d'Europe et d'Afrique, pour qu'on y vienne chercher ce qui n'appartient qu'à elles. « Leur sublime, a dit Michelet (*la Montagne*), est dans la lumière, dans les ardentes couleurs, dans les éclairs fantastiques dont les couronne à toute heure ce monde âpre du Midi qu'elles cachent, qu'on voudrait voir. »

Je ne saurais citer ici de meilleure autorité que celle de M. le comte Henri Russell Killough, membre du Club alpin français. Il a vu les Alpes, l'Himalaya, les montagnes de l'Océanie, et il connaît aussi les Pyrénées mieux que personne : depuis vingt ans il les a explorées dans tous les sens, par tous les temps, bravant la famine, les orages et la nuit, dormant sur les cimes et dans les vallées.

« Comment dire le charme inexprimable, dit-il, de cette vie presque sauvage et libre au milieu des sapins, des rochers et des neiges, à l'abri des passions, sinon de la tristesse, dans l'inconnu et l'infini, où l'on voit Dieu partout? Qui dira la splendeur de ces nuits de juillet et d'août passées entre ciel et terre au sommet des montagnes, près des torrents glacés et endormis jusqu'à l'aurore, et en face de ces pics ténébreux, où la neige et la nuit forment un contraste si effrayant? On a beau faire le tour du monde, on ne saurait rien voir de plus sublime que les dernières minutes d'une belle soirée d'automne sur les sommets glacés des Pyrénées, alors que le silence et la désolation des nuits montent des plaines assombries, et que les pics, entourés d'azur ou de vapeurs pourprées, rougissent comme de la braise. Combien de fois j'ai vu ces merveilleux spectacles, en Europe, en Asie, et partout! Et cependant chaque fois c'est un nouveau plaisir, ou plutôt une ivresse. »

Les Alpes ont-elles jamais pu inspirer une page plus enthousiaste? Écoutez maintenant l'éloquent appel que M. Russell adresse aux jeunes gens qui ont de la santé, des loisirs et de l'argent à dépenser.

« Qu'ils aillent aux Pyrénées, où le charme du mystère plane encore, et où il reste bien des conquêtes à faire, surtout dans la Cerdagne et dans l'Andorre. Les Alpes sont presque aussi connues que les Champs-Élysées. N'y perdent-elles pas beaucoup, du moins pour les vrais amants de la nature, qu'une foule importune dépoétise toujours?

« Venez, voyez ces forêts vierges, ces fiers sapins blanchis par le brouillard ou la rosée, et frissonnant sous la brise de l'aurore... Personne n'y passe... Plus haut, fendant le ciel, voyez ces pyramides gracieuses, mais pourtant formidables et sinistres, dont l'immobilité fait plus d'effet que la bruyante immensité des mers, et qui semblent une armée de fantômes... Plus haut encore, ou autour d'elles, voyez ces horizons houleux de neige, les plus resplendissants du monde; et, au-dessus de tout cela, le bleu et l'infini, où tous les soirs flottent de grands nuages courroucés, mais tranquilles, pleins de gloire et de feu... On dirait des archanges... Écoutez ces ruisseaux, pleins d'étincelles de bruit et de jeunesse, qui semblent donner une voix, une vie à la montagne, en l'inondant de mélodies pendant le jour, pour se glacer la nuit, et s'endormir dans un silence qui fait frémir... Jeunes gens, c'est malgré soi qu'on est poète à cette hauteur; mais on y est heureux aussi, car le bonheur y devient naturel et la sagesse facile. Dans l'azur et le blanc qui l'entourent, le cœur oublie les tristesses de la terre, se dore avec le jour qui tombe; et même au sein des villes, de leurs plaisirs et de leur faste, on a souvent la nostalgie de ces soirées ardentes et pures comme les derniers rayons d'une belle âme qui s'en va [1]... »

---

[1] *Annuaire du Club alpin français*, première année (1874). *Les Pyrénées*, par le comte Henri Russell.

APPENDICE

LES ALPES ET LES PYRÉNÉES

J'ai cité les paroles d'un enthousiaste des Pyrénées, qui semble leur donner la palme sur les Alpes. Quelque compétent que soit M. le comte Russell-Killough en pareille matière, l'impartialité me fait un devoir de mettre sous les yeux du lecteur l'opinion d'un contradicteur qui jouit, lui aussi, de la plus grande autorité. Voici comment s'exprime M. Élisée Reclus, l'homme qui, dans notre siècle, aura peut-être le plus contribué à la vulgarisation des sciences géographiques [1].

---

[1] Joanne, *Itinéraire général de la France*, t. VI; *Pyrénées*, Introduction, par Él. Reclus.

« Dans leur ensemble, les Pyrénées sont beaucoup moins variées que les Alpes, et n'offrent, en comparaison, qu'une *organisation* rudimentaire. Elles bornent l'horizon de leur muraille uniforme, hérissée de pointes comme une longue scie (*sierra*), et, vus de la plaine, les contreforts sur lesquels elles s'appuient apparaissent à peine. Bien que, d'après Humboldt et Ritter, la hauteur moyenne de la crête centrale des Pyrénées soit d'environ cent mètres plus élevée que celle des Alpes, et que les plaines de la France soient plus basses que celles de la Suisse, cependant cette plus grande élévation relative fait moins d'effet à cause de la disposition régulière des pics et de la ressemblance de leurs formes. C'est à peine si quelques sommets des Pyrénées dépassent de 6 à 800 mètres la hauteur moyenne de 2,450 mètres, tandis que, dans les Alpes, beaucoup de montagnes s'élèvent à 2,000 et 2,500 mètres au-dessus de la hauteur moyenne de 2,350 mètres, et le mont Blanc dresse ses sommets jusqu'à plus de 4,800 mètres. En même temps les cols des montagnes alpines sont beaucoup plus profondément entaillés, et s'ouvrent comme d'immenses coupures dans la masse de la chaîne. Dans les Pyrénées, les cols sont souvent de simples plateaux régnant sur le sommet de la crête, ou bien des *cheminées,* sombres ravines creusées dans le roc par le travail séculaire des agents atmosphériques. Les grands pics de la Suisse sont isolés : gigantesques pyramides, dont la base seulement est engagée dans le massif, ils se dressent dans

Le mont Blanc et Chamounix.

leur superbe et fière majesté, hérissant leur crête de pitons, d'aiguilles et de dents, tandis que les monts des Pyrénées sont le plus souvent de simples cônes posés sur le bourrelet de soulèvement. Des montagnes d'une grande importance géologique, comme le Néouvielle et les monts d'Oo et de Clarbide, se distinguent à peine par leur relief des hauteurs qui les environnent. Les pics qui se détachent nettement du reste de la chaîne, comme le Canigou, le Pic du Midi de Pau et la Maladetta, sont peu nombreux. »

D'après M. Reclus, ce qui donne aux Alpes une supériorité sur les Pyrénées, c'est la diversité d'aspect produite par le rayonnement des chaînes de montagnes ; le voyageur qui se trouve dans la vallée du Rhône ou dans celle du Tessin ne voit tout autour de lui que des géants couverts de neige, des glaciers, des aiguilles qui bornent partout l'horizon : il est au cœur des monts, et plus rien ne vient lui rappeler le souvenir de la plaine. La chaîne des Pyrénées, au contraire, est trop uniforme et trop étroite pour qu'on puisse perdre de vue les campagnes qui s'étendent à sa base : il suffit de gravir la première cime venue pour apercevoir à l'horizon la plaine bleuâtre.

Les grands lacs, cette beauté particulière aux Alpes, font défaut aux Pyrénées, en raison de l'absence de vallées longitudinales. Ce qui leur manque aussi, ce sont ces énormes fleuves de glace qui dans les Alpes descendent jusque dans les vallées.

Les Pyrénées sont encore inférieures aux Alpes au point de vue purement géographique. Les Alpes constituent le relief central de l'Europe, autour duquel se sont groupés tous les plateaux et toutes les plaines de ce continent.

« Trois mers, dit Reclus, situées aux trois extrémités de l'Europe, l'Atlantique, la mer Noire, la Méditerranée, reçoivent l'eau de ses glaciers. Environ un quart de l'eau qui tombe en Europe s'accumule dans les réservoirs des Alpes. Les Pyré-

Cirque de Troumouse.

nées, plus modestes, n'en recueillent que les trois centièmes environ, et n'alimentent que deux fleuves de quelque importance : au sud, l'Èbre, actuellement rendu navigable dans sa partie inférieure par un système d'écluses; au nord, la Garonne, bordée d'un canal latéral dans tout son cours supérieur et moyen, vraiment navigable seulement dans sa partie inférieure, qui se termine par un estuaire d'eau salée. Sous tous les rapports, il est donc certain que les Pyrénées sont, en comparaison des Alpes, une chaîne d'importance secondaire ; et même ce fier Castillan qui, par orgueil national, avait fait une carte d'Europe représentant une femme dont l'Espagne était la tête, n'avait pu faire des Pyrénées que le collier de la souveraine, tandis que les Alpes en étaient la ceinture. »

Dans son plaidoyer en faveur des Alpes, M. Reclus a cependant assez d'impartialité pour reconnaître que les Pyrénées ont certains charmes inconnus aux montagnes de l'Helvétie. « Les Pyrénées, dit-il, ont aussi des beautés qui leur sont propres, surtout du côté de l'Espagne et dans le Roussillon, où les rochers arides et blancs réfléchissent une lumière tout africaine, et dans les parties calcaires de la chaîne appartenant à l'époque du grès vert. C'est dans cette dernière formation que sont creusés ces cirques immenses, Troumouse, Béouse, Gavarnie, environnés de gradins où pourraient siéger des nations entières ; c'est là que les montagnes se dressent en tours, en murailles, en escaliers, comme si, d'après l'expression de Ramond, un peuple de géants eût appliqué l'équerre et le niveau à la superposition de leurs assises. D'ordinaire, la nature nous semble d'autant plus belle que nous sentons davantage notre infériorité en sa présence ; or l'homme ne peut que se sentir d'une petitesse infinie dans ces cirques vastes et déserts, où croissent à peine quelques herbes, où les rares bestiaux semblent perdus dans l'étendue des pâturages, où la seule voix est celle des avalanches, des cascades et des torrents, où les seuls spectateurs sont les pics neigeux se dressant au-dessus des gradins ! »

FIN

TABLE DES MATIÈRES

CHAPITRE I

LOURDES, LUZ, BARÈGES, LE PIC DU MIDI

I

Départ de Pau. — Lourdes. — En diligence. — La vallée d'Argelès. — La tour de Vidalos. — Argelès. — Saint-Savin. — Défilé de Pierrefitte. — Luz. — Le guide Dominique Fortanné. 7

II

Lever du soleil. — Château de Sainte-Marie. — Route de Barèges. — Matinée dans la montagne. — Le Rioulet. — Barèges. — Histoire d'une avalanche. — En route pour le pic du Midi. — Pont de neige. — Utilité du bâton ferré. — Région des neiges. — Chaleur et soif. — Panorama de la vallée du Bastan. — Apparition du pic du Midi. — Halte et repas. — Réverbération des neiges. — Lac d'Oncet. — Passage périlleux. — Une avalanche. — Piste d'ours. — L'auberge du pic du Midi. — Arrivée à la cime. 19

III

Premier coup d'œil. — Panorama du Sud. — Aspect des plaines de France. — La descente. — Course en traîneau. — Un orage. — Retour à Barèges. — Effet de la réverbération des neiges. — Une barricade improvisée. — Coucher du soleil. — Retour à Luz 38

CHAPITRE II

LE CIRQUE DE GAVARNIE

I

L'église des Templiers. — Les Cagots. — Vallée de Luz. — Souvenir de la duchesse de Berry. — Saint-Sauveur. — Pont Napoléon. — Gorge de Gavarnie. — Le pas de l'Échelle. — Histoire de bandits. — Mystification. — Aspect du paysage. — Le pont de Scia. — Le vallon de Pragnères. — Gèdres. — La Brèche de Roland. — Le mont Sinistre. — Le cheval Bayard. — Le chaos 51

II

Gavarnie. — Le livre des voyageurs. — Le vin du pays. — Illusion d'optique. — Un mot de lord Bute. — Le cirque de Gavarnie. — La plus haute chute de l'Europe. — Ponts de neige. — Aventure d'un Anglais. — Aspect de la grande cascade. — L'Arioste. — La légende de Roland. — Le Marboré et la Gemmi. — Tout est bien qui finit bien. — Rencontre d'Espagnols. — Retour à Luz 69

CHAPITRE III

CAUTERETS, LE VAL DE JÉRET, LE LAC DE GAUBE

I

Les lacs des Pyrénées. — De Luz à Cauterets. — Aspect de la ville thermale. — Marguerite de Valois. — Cauterets au xvie siècle. — Le guide Bordère Berret. — Deux types de touristes. 89

II

Le val de Jéret.— La grotte de Maouhourat. — Les eaux minérales. — La cascade de Cérizet. — Le pas de l'Ours. — Une anecdote. — Aspect du paysage. — Pont d'Espagne. — Surpris par la pluie. — La hutte d'un artiste 100

III

La dernière étape. — Apparition du lac de Gaube. — Une tombe. — Triste souvenir. — Le Vignemale. — Une rencontre. — A six heures du soir. — Retour à Cauterets. 109

CHAPITRE IV

UNE ASCENSION AU MONT PERDU

(PYRÉNÉES ESPAGNOLES)

I

La route de Gavarnie détruite par l'orage. — Rencontre d'une vieille connaissance. — Pourquoi je revenais à Gavarnie. — Le mont Perdu et son histoire. — Comment on va au mont Perdu. — Le guide Henri Passet. — Préparatifs de l'expédition 121

II

Les bandits et leurs exploits. — Le Marboré. — Bain forcé. — Premières pentes. — Lever du soleil. — Escalade. — Le cirque de Gavarnie vu d'en haut. — Champs de neige. — Un aigle. — Un bouquetin. — Éboulis. — Un glacier. — Saut périlleux. — La Brèche de Roland. — Panorama. — Étrange colloque 131

III

Frontière espagnole. — Mauvais pas. — Charmes du péril. — Repas. — Aspect du paysage. — Silence des hauteurs. — Une troupe d'isards. — Au pied de la Tour du Marboré. — Passage des glaciers. — Chaleur accablante. — Réfraction des neiges. — Le cône du mont Perdu. — Raréfaction de l'air. — La dernière escalade. — Arrivée au sommet. . . . 144

IV

Vue d'ensemble. — Impressions. — Ce qu'on voit du mont Perdu. — Absence de neige au sommet. — Une bouteille. — Étranges sensations 159

V

Descente des premières pentes. — Maux de gorge. — Route du retour. — Dernier regard au mont Perdu. — Terrasse du Marboré. — Le cirque de Gavarnie à vue d'aigle. — Une étrange grande route. — Où il faut grimper pour descendre. — Des papillons à la Brèche de Roland. — Adieux à l'Espagne. — Où il faut se laisser glisser. — Derniers mauvais pas. — Dangers du repos. — Retour à Gavarnie. . . . 169

CHAPITRE V

UNE ASCENSION AU MONT CANIGOU

(PYRÉNÉES ORIENTALES)

I

De Toulouse à Prades. — Le mont Canigou. — Aspect des Pyrénées orientales. — Villefranche. — Le Vernet. — Notre caravane. — Le monastère de Saint-Martin. — Castell. — Les premières pentes. — Tableau alpestre. — Déjeuner dans la montagne. — Le rocher de Cadi. — Nuages menaçants. — Le guide Michel Nou. — Hutte de bergers. — La cheminée. — Les brouillards. 183

II

Déception. — Ce qu'on voit du Canigou. — La cabane du père Arago. — Le brouillard s'épaissit. — L'obscurité. — Retour au Vernet. — Triste sort d'un chat. — Départ 199

CHAPITRE VI

BAGNÈRES-DE-LUCHON

Bagnères-de-Luchon station de chemin de fer. — Situation et aspect de cette localité thermale. — Castelviel. — Le val du Lis. — La cascade d'Enfer. 209

Conclusion. 219
Appendice 227

COLLECTION FORMAT GRAND IN-8°. — 2° SÉRIE

CHAQUE VOLUME EST ORNÉ DE PLUSIEURS GRAVURES

AGNÈS DE LAUVENS, ou Mémoires de Sœur Saint-Louis, par L. Veuillot.
BERTRAND DU GUESCLIN (histoire de); d'après Guyard de Berville.
BRUNO, ou les Chasseurs d'ours, par le capitaine Mayne-Reid; traduit de l'anglais par Marie Guerrier de Haupt.
CHARLES VIII, par Maurice Griveau.
CHATELAINES DE ROUSSILLON (les), par Mme la C^{sse} de la Rochère.
CRILLON (vie de), par M. H. Garnier, élève de l'École des chartes.
DÉTROIT DE MAGELLAN (le), par Henri Feuilleret.
DUCHESSE-ANNE (la), Histoire d'une frégate, par Olivier Le Gall.
EN MER, Récit pour les jeunes garçons, par le capitaine Mayne-Reid; traduit de l'anglais par Marie Guerrier de Haupt.
ÉTATS-UNIS ET LE CANADA (les), par M. Xavier Marmier.
GAULOIS NOS AIEUX (les), par M. Moreau-Christophe, lauréat de l'Institut.
GUNNAR ET NIAL, Scènes et mœurs de la vieille Islande, par J. Gourdault.
IMPRESSIONS ET SOUVENIRS D'UN VOYAGEUR CHRÉTIEN, par M. Xavier Marmier, de l'Académie française.
JOSEPH HAYDN, traduit de Franz Seebourg, par J. de Rochay.
LOUIS XI ET L'UNITÉ FRANÇAISE, par Charles Buet.
MES PRISONS, par Silvio Pellico.
MÉMOIRES D'UN MANDARIN, par Eugène Muller. Illustrations par Scott.
MINA, ou les Épreuves d'une vie d'enfant; imité de Paul Hermann, par J. de Rochay.
NAUFRAGÉS AU SPITZBERG (les), par L. F.
ORPHELINE DE MOSCOU (l'), ou la jeune Institutrice, par Mme Woillez.
PANTHÈRE NOIRE (la), adapté de l'anglais par Bénédict-Henry Révoil.
PARAGUAY (le), par M. le comte de Lambel.
PAUL ET VIRGINIE, par Bernardin de Saint-Pierre, édition revue.
PAYS DES NÈGRES (le) et la côte des Esclaves, par M. l'abbé Laffitte.
PERDUS EN MER, imité de l'anglais, par Mme la C^{sse} Drohojowska.
PROMENADES DANS LES PYRÉNÉES, par M. Jules Leclercq.
PUPILLE DE SALOMON (la), par Mlle Marthe Lachèse.
ROBINSON DES ANTILLES (le), par Marie Guerrier de Haupt.
SAINT VINCENT DE PAUL (vie de), par Jean Morel.
SERMENT (le), ou l'Ambition stérile, imité de l'anglais, par Adam de l'Isle.
UN GRAND CHANCELIER (Pierre des vignes.) Récit historique, par le docteur Mathias Hohler; traduit de l'allemand par J. de Rochay.
UN MYSTÈRE, ou Les deux Frères, imité de l'anglais par Adam de l'Isle.
UNE FAMILLE DANS LE DÉSERT, par le capitaine Mayne-Reid; traduit de l'anglais par Marie Guerrier de Haupt.
VENGEANCE DU FARMER (la), Souvenirs d'Amérique, par Karl May.
VIE DES BOIS ET DU DÉSERT (la), Récits de chasse et de pêche, par Bénédict-Henry Révoil.
VIEUXBOURG, ou La petite Ville; imité de l'anglais, par Adam de l'Isle.
VOYAGE A CEYLAN, par Franz Hoffmann; traduit, avec l'autorisation de l'auteur, par Mlle A. Simons.
VOYAGE AU PAYS DES KANGAROUS, adapté de l'anglais, par B.-H. Révoil.

www.ingramcontent.com/pod-product-compliance
Lightning Source LLC
Chambersburg PA
CBHW061958180426
43198CB00036B/1358